expresiones en matemáticas

Dra. Karen C. Fuson

Haz la tarea y recuerda

Grado 2

Volumen 2

This material is based upon work supported by the
National Science Foundation
under Grant Numbers
ESI-9816320, REC-9806020, and RED-935373.

Any opinions, findings, and conclusions, or recommendations expressed in this material are those of the author and do not necessarily reflect the views of the National Science Foundation.

HMH

Printed in the U.S.A.

ISBN 978-1-328-52033-3

2 3 4 5 6 7 8 9 10 2266 27 26 25 24 23 22 21 20

4500802220 A B C D E F G

4-1
Haz la tarea

Nombre ____________________

Dibuja monedas para mostrar 6 modos distintos de formar 25¢ con monedas de 1¢, 5¢ y 10¢.

❶ 25¢	❷ 25¢	❸ 25¢
❹ 25¢	❺ 25¢	❻ 25¢

Debajo de cada imagen, escribe la cantidad total de dinero hasta el momento.

❼

25¢ ____ 50¢ ____ ____ ____ ____ ____

❽

25¢ ____ 50¢ ____ ____ ____ ____ ____

4-1
Recuerda

Nombre ______________________________

❶ Escribe dos ecuaciones para cada Montaña matemática.

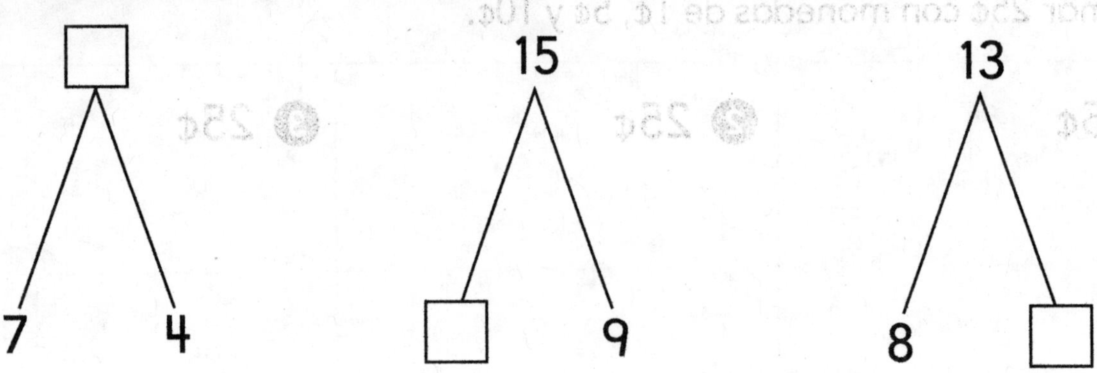

______________ ______________ ______________

______________ ______________ ______________

Suma.

❷ 40 + 60 = ______ 50 + 30 = ______ 10 + 40 = ______

4 + 6 = ______ 5 + 3 = ______ 1 + 4 = ______

❸ Dibuja un segmento de recta de 6 cm de largo.
Marca y cuenta longitudes de 1 cm para revisar la longitud.

❹ **Amplía tu razonamiento** Elliot cuenta un grupo de monedas y comienza con las monedas de 25¢. Su hermana cuenta las mismas monedas. Ella comienza con las monedas de 1¢. ¿Obtendrán la misma cantidad? Explica.

____

____

____

4-2
Haz la tarea

Nombre ____________________

Debajo de cada imagen, escribe la cantidad total de dinero hasta el momento. Luego escribe el total en $.

1 25¢ 25¢ 10¢ 1¢

______ ______ ______ ______ $ ___.______ total

2 100¢ 5¢

______ ______ $ ___.______ total

3 Hope tiene 1 dólar, 1 moneda de 25¢, 5 monedas de 10¢, 3 monedas de 5¢ y 2 monedas de 1¢.

Dibuja [100], (25), (10), (5), y (1) para representar el dinero que tiene.

Escribe la cantidad total de dinero. $ ___.______ total

4-2
Recuerda

Nombre ____________________

❶ Completa la Montaña matemática y las ecuaciones.

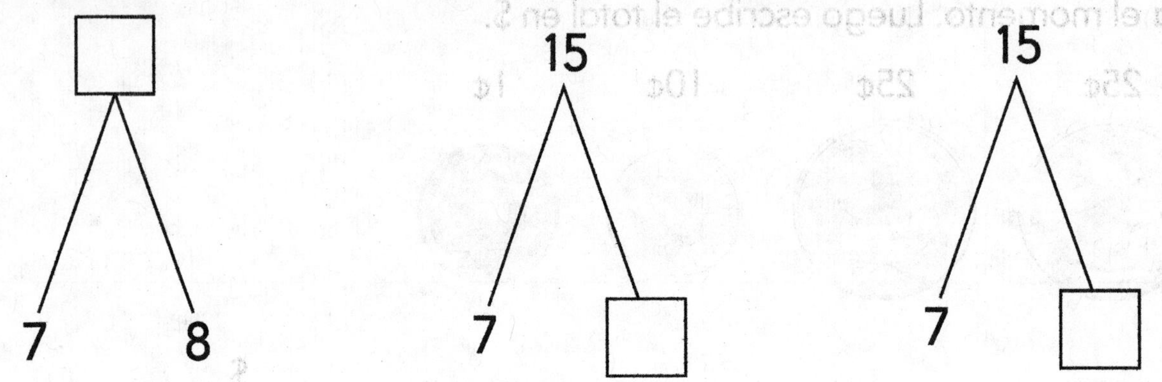

$7 + 8 = \square$ $7 + \square = 15$ $15 - 7 = \square$

Resuelve. Haz un dibujo de comprobación. *Muestra tu trabajo.*

❷ Susan gana 78 boletos. Necesita 10 boletos para cada premio. ¿Cuántos premios puede obtener? ¿Cuántos boletos le sobrarán?

☐ premios ☐ boletos sobrantes

❸ Debajo de cada imagen, escribe la cantidad total de dinero hasta el momento.

25¢ ______ ______ ______ ______ ______ ______ ______

❹ **Amplía tu razonamiento** Maria tiene $1.35. Solo tiene monedas de 25¢ y de 5¢. Dibuja dos grupos posibles de monedas que podría tener Maria. Usa (25) para mostrar monedas de 25¢ y (5) para mostrar monedas de 5¢.

Nombre ______________________________

Resuelve los problemas. Reescribe el 100 o haz un dibujo. Suma para comprobar tu respuesta.

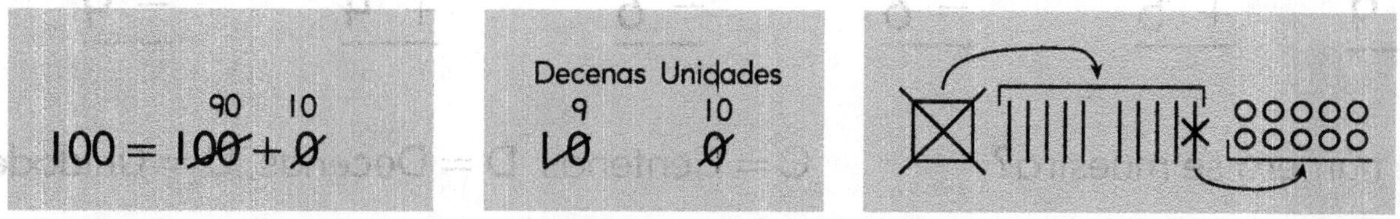

<hr>

1 Había 100 patitos de goma en la tienda. El comerciante vendió 19 de estos. ¿Cuántos patitos hay ahora en la tienda?

Muestra tu trabajo.

☐ ______________________
rótulo

<hr>

2 Ben compró 100 servilletas para el pícnic. Sobraron 26 servilletas después del pícnic. ¿Cuántas servilletas se usaron?

☐ ______________________
rótulo

<hr>

Halla el sumando desconocido. Comprueba con una suma.

3

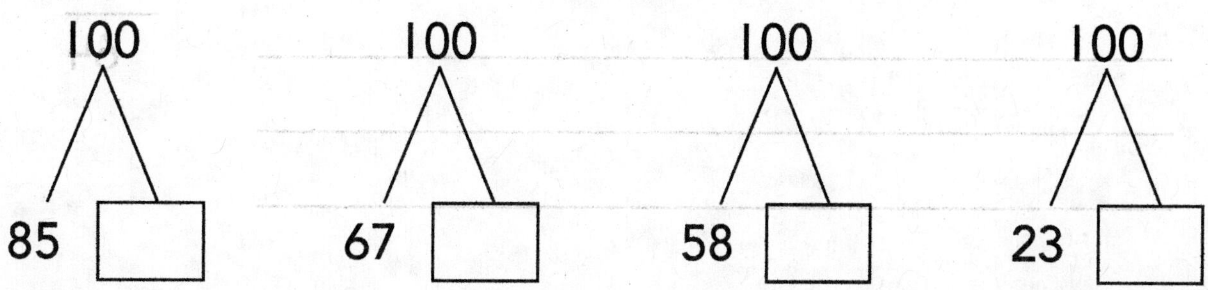

Nombre ____________________

Suma o resta.

1

$$\begin{array}{r} 7 \\ +\ 9 \\ \hline \end{array} \quad \begin{array}{r} 8 \\ +\ 5 \\ \hline \end{array} \quad \begin{array}{r} 12 \\ -\ 6 \\ \hline \end{array} \quad \begin{array}{r} 14 \\ -\ 6 \\ \hline \end{array} \quad \begin{array}{r} 7 \\ +\ 4 \\ \hline \end{array} \quad \begin{array}{r} 17 \\ -\ 9 \\ \hline \end{array}$$

¿Qué número se muestra? C = Centenas, D = Decenas, U = Unidades

2 

_____ H _____ T _____ O

_____ = _____ + _____ + _____

3 

_____ H _____ T _____ O

_____ = _____ + _____ + _____

Debajo de cada imagen, escribe la cantidad total de dinero hasta el momento. Luego escribe el total en $.

4

100¢

5¢

1¢

_______ _______ _______ $____.____ ____
total

5 **Amplía tu razonamiento** Ed de inmediato sabe que esta respuesta es incorrecta. ¿Cómo lo sabe?

$$\begin{array}{r} 100 \\ -\ 38 \\ \hline 64 \end{array}$$

____

____

____

Nombre ____________________

Resuelve cada problema. Haz un dibujo de comprobación si lo necesitas.

Muestra tu trabajo.

1. Amon tiene 94 semillas de tomate. Usa 27 para un proyecto de ciencias. ¿Cuántas semillas le quedan?

   ☐ ____________________ rótulo

2. Benita hace 56 impresiones de hojas. Da 29 impresiones a sus primos. ¿Cuántas impresiones tiene Benita ahora?

   ☐ ____________________ rótulo

3. Denise tiene 71 pajillas. Usa 33 para hacer un puente. ¿Cuántas pajillas le quedan?

   ☐ ____________________ rótulo

4. Cedric tiene 70 cromos deportivos. Regala 24 cromos a sus amigos. ¿Cuántos cromos tiene Cedric ahora?

   ☐ ____________________ rótulo

4-4
Recuerda

Nombre ______________________________

Estima y luego mide cada lado. Luego halla la distancia alrededor del rectángulo.

1

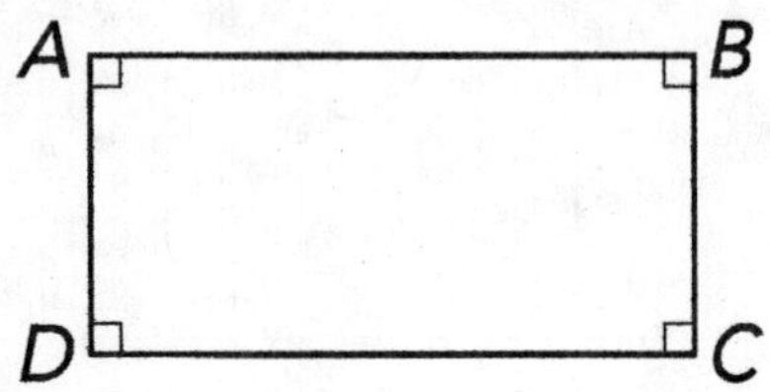

a. Completa la tabla. Usa una regla de centímetros para medir.

Lado	Estimación	Medida
AB		
BC		
CD		
DA		

b. Halla la distancia alrededor del rectángulo.

______ cm + ______ cm + ______ cm + ______ cm = ______ cm

Resuelve el problema. Reescribe el 100 o haz un dibujo. Suma para comprobar la respuesta.

Muestra tu trabajo.

2 Amy tiene una caja con 100 palillos de manualidades. Usa algunos para hacer un proyecto. Quedan 64 palillos de manualidades en la caja. ¿Cuántos palillos de manualidades usó?

☐ ______________________
rótulo

3 **Amplía tu razonamiento** Escribe un problema de resta con 29 como respuesta.

____

____

____

4-5
Haz la tarea

Nombre ______________________________

Método desarrollado

$$\begin{array}{r} 93 \\ -\ 57 \\ \hline \end{array} \begin{array}{l} = \overset{80}{\cancel{90}} + \overset{13}{\cancel{3}} \\ = 50 + 7 \\ \hline 30 + 6 = 36 \end{array}$$

Método de desagrupar primero

$$\begin{array}{r} \overset{8\ 13}{\cancel{9}\cancel{3}} \\ -\ 57 \\ \hline 36 \end{array}$$

Dibujo de comprobación

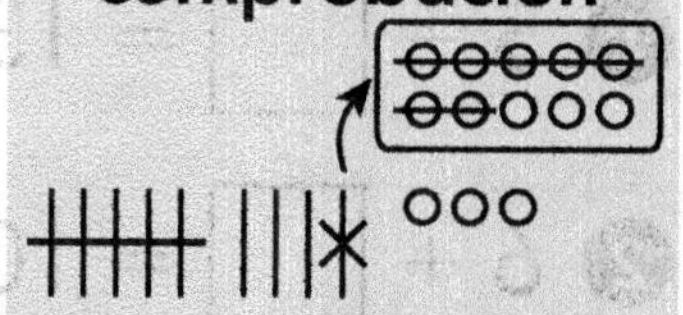

Resta usando cualquier método.

❶ $\begin{array}{r} 38 \\ -21 \\ \hline \end{array}$

❷ $\begin{array}{r} 57 \\ -39 \\ \hline \end{array}$

❸ $\begin{array}{r} 95 \\ -64 \\ \hline \end{array}$

❹ $\begin{array}{r} 50 \\ -13 \\ \hline \end{array}$

❺ $\begin{array}{r} 68 \\ -15 \\ \hline \end{array}$

❻ $\begin{array}{r} 77 \\ -29 \\ \hline \end{array}$

❼ $\begin{array}{r} 74 \\ -48 \\ \hline \end{array}$

❽ $\begin{array}{r} 84 \\ -49 \\ \hline \end{array}$

Nombre ______________________________

Escribe el sumando desconocido.

1 $5 + \square = 13$ $15 - 9 = \square$ $4 + \square = 11$

2 $6 + \square = 10$ $13 - 6 = \square$ $12 - 7 = \square$

3 Debajo de las monedas, escribe la cantidad total de dinero hasta el momento. Luego escribe el total en $.

_____ _____ _____ _____ _____ _____ total $ ____.____ ____ total

Resuelve el problema. Si es necesario, haz un dibujo de comprobación.

Muestra tu trabajo.

4 Jackson tiene 62 monedas de 1¢ en su frasco. Gasta 38. ¿Cuántas monedas de 1¢ tiene ahora?

☐ ______________________ rótulo

5 **Amplía tu razonamiento** ¿Cómo sabes si necesitas desagrupar una decena en unidades cuando restas?

____

____

____

____

4-6
Haz la tarea

Nombre ______________________________

Resta.

1. $\begin{array}{r} 87 \\ -\ 59 \\ \hline \end{array}$

2. $\begin{array}{r} 63 \\ -\ 14 \\ \hline \end{array}$

3. $\begin{array}{r} 55 \\ -\ 18 \\ \hline \end{array}$

4. $\begin{array}{r} 73 \\ -\ 17 \\ \hline \end{array}$

5. $\begin{array}{r} 83 \\ -\ 12 \\ \hline \end{array}$

6. $\begin{array}{r} 99 \\ -\ 35 \\ \hline \end{array}$

7. $\begin{array}{r} 62 \\ -\ 55 \\ \hline \end{array}$

8. $\begin{array}{r} 71 \\ -\ 49 \\ \hline \end{array}$

9. $\begin{array}{r} 45 \\ -\ 26 \\ \hline \end{array}$

10. $\begin{array}{r} 50 \\ -\ 11 \\ \hline \end{array}$

11. $\begin{array}{r} 92 \\ -\ 44 \\ \hline \end{array}$

12. $\begin{array}{r} 75 \\ -\ 52 \\ \hline \end{array}$

Nombre ____________________

Haz un dibujo. Escribe una ecuación.
Resuelve el problema.

Muestra tu trabajo.

1 Lily tiene 14 marcadores. Su hermana tomó algunos. Ahora Lily tiene 8 marcadores. ¿Cuántos tomó la hermana de Lily?

☐ ____________________
rótulo

Suma.

2

$$\begin{array}{r} 57 \\ +\ 35 \\ \hline \end{array} \qquad \begin{array}{r} 73 \\ +\ 48 \\ \hline \end{array} \qquad \begin{array}{r} 89 \\ +\ 61 \\ \hline \end{array}$$

Resta usando cualquier método.

3

$$\begin{array}{r} 64 \\ -\ 27 \\ \hline \end{array} \qquad \begin{array}{r} 95 \\ -\ 37 \\ \hline \end{array} \qquad \begin{array}{r} 70 \\ -\ 41 \\ \hline \end{array}$$

4 **Amplía tu razonamiento** Escribe y resuelve un ejercicio de resta en el que no desagrupes. Escribe y resuelve un ejercicio de resta en el que debas desagrupar.

	Desagrupar

Nombre ______________________

Resuelve cada problema. Si es necesario, haz un dibujo de comprobación.

Muestra tu trabajo.

1. Hay 200 botellas de agua sobre la mesa. Los corredores de una carrera toman 73. ¿Cuántas botellas de agua quedan en la mesa?

   ☐ ______________________
   rótulo

2. Hay 200 hierbas malas en el huerto de Kelly. Su hermana menor saca 44. Cuántas hierbas malas quedan en el huerto?

   ☐ ______________________
   rótulo

Resta.

3. $200 - 66$

4. $200 - 82$

5. $200 - 54$

6. $200 - 95$

7. $200 - 38$

8. $200 - 47$

Nombre ______________________

Haz un dibujo. Escribe una ecuación.
Resuelve el problema.

Muestra tu trabajo.

1 Sean halla 5 hojas anaranjadas y algunas hojas amarillas. Halla 14 hojas en total. ¿Cuántas hojas amarillas halla?

☐ ______________________
rótulo

Suma. Usa cualquier método.

2

$$\begin{array}{r} 48 \\ +\ 75 \\ \hline \end{array} \qquad \begin{array}{r} 64 \\ +\ 46 \\ \hline \end{array} \qquad \begin{array}{r} 74 \\ +\ 89 \\ \hline \end{array}$$

Resta.

3

$$\begin{array}{r} 56 \\ -\ 19 \\ \hline \end{array} \qquad \begin{array}{r} 82 \\ -\ 53 \\ \hline \end{array} \qquad \begin{array}{r} 61 \\ -\ 46 \\ \hline \end{array}$$

4 **Amplía tu razonamiento** Supón que restas un número de 2 dígitos de 200. ¿Qué tendrás que desagrupar: centenas o decenas? Explica. Da un ejemplo.

____

____

____

____

____

Nombre ______________________

Decide si necesitas desagrupar. Luego resta.

1. $\begin{array}{r} 147 \\ -\ 32 \\ \hline \end{array}$

2. $\begin{array}{r} 147 \\ -\ 38 \\ \hline \end{array}$

3. $\begin{array}{r} 147 \\ -\ 48 \\ \hline \end{array}$

4. $\begin{array}{r} 126 \\ -\ 54 \\ \hline \end{array}$

5. $\begin{array}{r} 126 \\ -\ 57 \\ \hline \end{array}$

6. $\begin{array}{r} 126 \\ -\ 97 \\ \hline \end{array}$

7. $\begin{array}{r} 187 \\ -\ 46 \\ \hline \end{array}$

8. $\begin{array}{r} 187 \\ -\ 49 \\ \hline \end{array}$

9. $\begin{array}{r} 187 \\ -\ 99 \\ \hline \end{array}$

10. $\begin{array}{r} 172 \\ -\ 35 \\ \hline \end{array}$

11. $\begin{array}{r} 172 \\ -\ 85 \\ \hline \end{array}$

12. $\begin{array}{r} 172 \\ -\ 31 \\ \hline \end{array}$

Nombre ____________________

Haz un dibujo. Escribe una ecuación. *Muestra tu trabajo.*
Resuelve el problema.

1. El entrenador entrega 8 botellas grandes de agua y 8 botellas pequeñas de agua. ¿Cuántas botellas de agua entrega el entrenador?

☐ ____________________
rótulo

Suma. Usa cualquier método.

2.

$$\begin{array}{r} 66 \\ +\ 77 \\ \hline \end{array} \qquad \begin{array}{r} 97 \\ +\ 84 \\ \hline \end{array} \qquad \begin{array}{r} 53 \\ +\ 79 \\ \hline \end{array}$$

Resta.

3.

$$\begin{array}{r} 200 \\ -\ 41 \\ \hline \end{array} \qquad \begin{array}{r} 200 \\ -\ 73 \\ \hline \end{array} \qquad \begin{array}{r} 200 \\ -\ 57 \\ \hline \end{array}$$

4. **Amplía tu razonamiento** Usa los siguientes números para completar el problema de resta. Ubica los números de modo que debas desagrupar dos veces. Luego resta.

3 6 9 5

$$\begin{array}{r} 1\ \square\ \square \\ -\ \square\ \square \\ \hline \square\ \square \end{array}$$

4-9
Haz la tarea

Nombre ______________________

Decide si necesitas desagrupar. Luego resta.

❶ $\begin{array}{r} 130 \\ -\ 99 \\ \hline \end{array}$

❷ $\begin{array}{r} 150 \\ -\ 39 \\ \hline \end{array}$

❸ $\begin{array}{r} 160 \\ -\ 67 \\ \hline \end{array}$

❹ $\begin{array}{r} 108 \\ -\ 88 \\ \hline \end{array}$

❺ $\begin{array}{r} 120 \\ -\ 83 \\ \hline \end{array}$

❻ $\begin{array}{r} 101 \\ -\ 72 \\ \hline \end{array}$

Resuelve cada problema.

Muestra tu trabajo.

❼ Había 120 monedas de 5¢ en un frasco. Janice tomó 49 monedas de 5¢. ¿Cuántas monedas de 5¢ hay ahora en el frasco?

☐ ______________________
rótulo

❽ La semana pasada, había 109 libros en la librería. Hasta ahora, se vendieron 25 libros. ¿Cuántos libros no se vendieron?

☐ ______________________
rótulo

Nombre ______________________

Suma. Usa dobles.

1 6 + 7 = ☐ 8 + 7 = ☐ 6 + 5 = ☐

2 9 + 7 = ☐ 11 + 9 = ☐ 8 + 6 = ☐

Estima y luego mide cada lado.
Luego halla la distancia alrededor del triángulo.

3

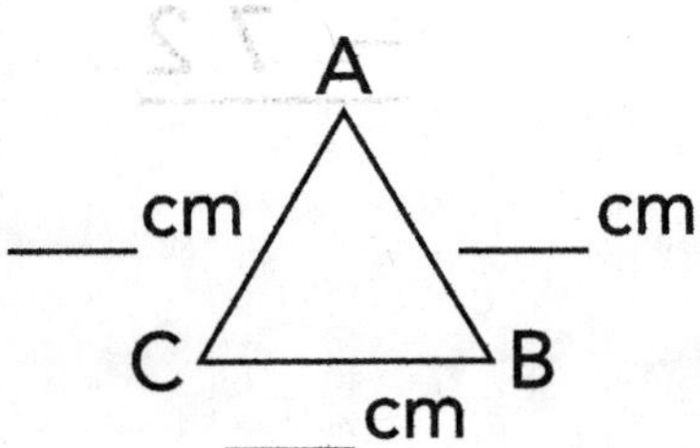

a. Completa la tabla

Lado	Estimación	Medida
AB		
BC		
CA		

b. Halla la distancia alrededor del triángulo.

_____ cm + _____ cm + _____ cm = _____ cm

Decide si necesitas desagrupar. Luego resta.

4

169 − 44	185 − 79	132 − 68

5 **Amplía tu razonamiento** Mira el problema de resta de Evan. ¿Qué hizo mal? Halla la respuesta correcta.

107
− 68
49

____

____

Nombre ______________________________

¿Qué te gustaría comprar? Primero, mira cuánto dinero tienes. Paga el artículo. ¿Cuánto dinero te queda?

Venta de garaje

Globo terráqueo
85¢

Anillo
67¢

Bolso deportivo
98¢

Goma de borrar
79¢

Lápices de colores
66¢

1 Tengo 124¢ en mi bolsillo.

Compré el/la ____________.

$$\begin{array}{r} 124¢ \\ -\quad\;\; ¢ \\ \hline \end{array}$$

Me quedan __________ ¢.

2 Tengo 152¢ en mi bolsillo.

Compré el/la ____________.

$$\begin{array}{r} 152¢ \\ -\quad\;\; ¢ \\ \hline \end{array}$$

Me quedan __________ ¢.

3 Tengo 145¢ en mi bolsillo.

Compré el/la ____________.

$$\begin{array}{r} 145¢ \\ -\quad\;\; ¢ \\ \hline \end{array}$$

Me quedan __________ ¢.

4 Tengo 131¢ en mi bolsillo.

Compré el/la ____________.

$$\begin{array}{r} 131¢ \\ -\quad\;\; ¢ \\ \hline \end{array}$$

Me quedan __________ ¢.

4-10
Recuerda

Nombre ______________________________

Halla la suma o la diferencia.

1

7	9	8	15	12	16
+ 6	+ 5	+ 9	− 6	− 8	− 9

Rotula las figuras con las palabras del recuadro.

cubo	cuadrilátero	pentágono	hexágono

2

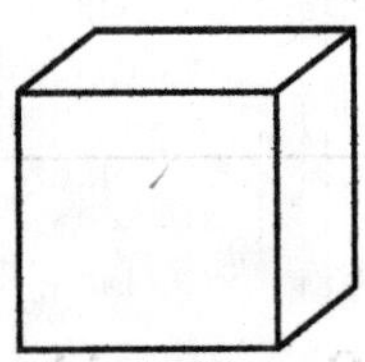

____

3

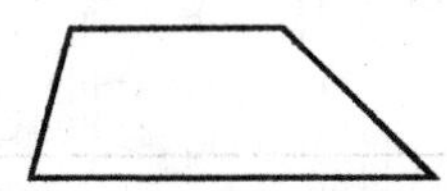

____

Resuelve.

Muestra tu trabajo.

4 Logan compra un cuaderno con 106 páginas. Usa 29 páginas. ¿Cuántas páginas no usa?

☐ ________________
rótulo

5 **Amplía tu razonamiento** Kayla tiene 135¢. Compra un juguete y le quedan 78¢. ¿Cuál es el precio del juguete que compra?

____

Nombre ____________________

Resta.

1. $\begin{array}{r} 29 \\ -\ 13 \\ \hline \end{array}$

2. $\begin{array}{r} 54 \\ -\ 26 \\ \hline \end{array}$

3. $\begin{array}{r} 75 \\ -\ 25 \\ \hline \end{array}$

4. $\begin{array}{r} 48 \\ -\ 38 \\ \hline \end{array}$

5. $\begin{array}{r} 90 \\ -\ 57 \\ \hline \end{array}$

6. $\begin{array}{r} 17 \\ -\ 8 \\ \hline \end{array}$

7. $\begin{array}{r} 100 \\ -\ 42 \\ \hline \end{array}$

8. $\begin{array}{r} 63 \\ -\ 22 \\ \hline \end{array}$

9. $\begin{array}{r} 97 \\ -\ 59 \\ \hline \end{array}$

10. Explica cómo hallaste la diferencia en el Ejercicio 7.

____

____

____

Nombre ______________________________

Haz un dibujo de correspondencia o dibuja barras de comparación. Resuelve el problema.

1 Jayden tiene 8 uvas. Ashley tiene 6 uvas más que Jayden. ¿Cuántas uvas tiene Ashley?

☐ ______________________
rótulo

¿Qué adhesivo te gustaría comprar? Primero, mira cuánto dinero tienes. Paga el adhesivo. ¿Cuánto dinero te queda?

Venta de adhesivos

Sonrisa	Corazón	Sol	Luna
78¢	89¢	76¢	97¢

2 Tengo 132¢ en mi bolsillo.

Compré el/la ______________.

$$\begin{array}{r} 1\,3\,2¢ \\ -\quad\;\; ¢ \\ \hline \end{array}$$

Me quedan ______________ ¢.

3 Tengo 164¢ en mi bolsillo.

Compré el/la ______________.

$$\begin{array}{r} 1\,6\,4¢ \\ -\quad\;\; ¢ \\ \hline \end{array}$$

Me quedan ______________ ¢.

4 **Amplía tu razonamiento** Resta. ¿Qué resta toma más tiempo en hacerse? Explica.

A. $\begin{array}{r} 64 \\ -\,31 \\ \hline \end{array}$ **B.** $\begin{array}{r} 92 \\ -\,47 \\ \hline \end{array}$

____

Nombre ______________________

Dibuja una Montaña matemática para resolver cada problema. Escribe una ecuación que corresponda.

1. Pepe tiene 148 porciones de pizza en su tienda. Vende 56 porciones. ¿Cuántas porciones le quedan a Pepe?

☐ ______________________
rótulo

2. Hay 34 niños en el parque. Luego llegan 16 niños más. ¿Cuántos niños hay en el parque ahora?

☐ ______________________
rótulo

3. Bella tiene 19 crayones. Da 12 a su amiga. ¿Cuántos crayones le quedan?

☐ ______________________
rótulo

4. Hay setenta y nueve niñas y cuarenta y ocho niños en el Grado 2 de la escuela Center. ¿Cuántos estudiantes hay en el Grado 2?

☐ ______________________
rótulo

Nombre ______________________________

Haz un dibujo. Escribe una ecuación. Resuelve el problema. *Muestra tu trabajo.*

1 Luke tiene 7 camiones. Zoe tiene 6 camiones más que Luke. ¿Cuántos camiones tiene Zoe?

☐ ____________________
rótulo

2 Muestra los datos de la tabla en el diagrama de puntos.

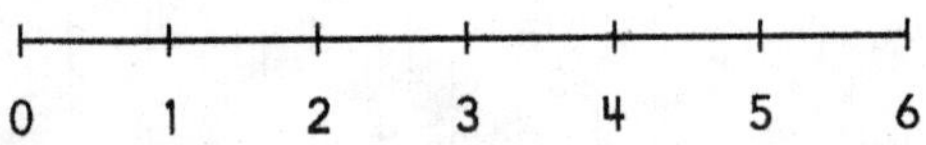

Longitud de los adhesivos (en pulgadas)

Longitud de los adhesivos (en pulgadas)
5 pulgadas
3 pulgadas
4 pulgadas
2 pulgadas
3 pulgadas

Resta.

3 $\begin{array}{r} 54 \\ -\ 31 \\ \hline \end{array}$

4 $\begin{array}{r} 81 \\ -\ 26 \\ \hline \end{array}$

5 $\begin{array}{r} 74 \\ -\ 7 \\ \hline \end{array}$

6 **Amplía tu razonamiento** Escribe y resuelve un problema de resta que empiece con 146. La respuesta debe ser menor que 100.

____

____

____

4-13
Haz la tarea

Nombre ____________________

1 Escribe todas las ecuaciones para 74, 25 y 49.

25 + 49 = 74 ____________________ 74 = 25 + 49

____________________ ____________________

____________________ ____________________

____________________ ____________________

2 Escribe todas las ecuaciones para 157, 68 y 89.

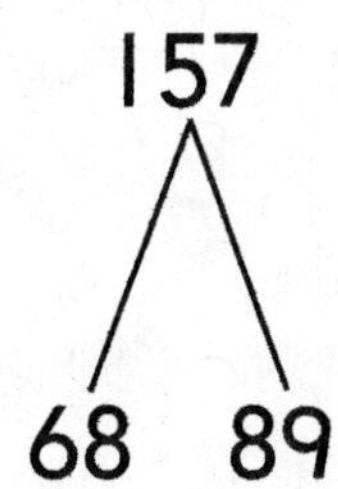

68 + 89 = 157 ____________________ 157 = 68 + 89

____________________ ____________________

____________________ ____________________

____________________ ____________________

Nombre ______________________________

Suma en cualquier orden. Escribe el total.

❶ 6 + 3 + 5 = ☐ 9 + 2 + 9 = ☐ 3 + 5 + 7 = ☐

❷ 8 + 7 + 2 = ☐ 7 + 3 + 8 = ☐ 5 + 8 + 4 = ☐

Haz un dibujo para cada número. Escribe <, > o =.

❸ 122 ◯ 131

❹ 35 ◯ 28

Haz una Montaña matemática para resolver el problema. Muestra cómo sumas o restas.

❺ La escuela primaria Berry tiene 127 estudiantes. 69 estudiantes son niñas. ¿Cuántos estudiantes son niños?

☐ ______________________
rótulo

❻ **Amplía tu razonamiento** ¿Cuándo hay solo cuatro ecuaciones distintas para un grupo de números de Montañas matemáticas? Da un ejemplo.

____

____

Nombre ______

Suma o resta. ¡Observa el signo!

1. $\begin{array}{r} 75 \\ +\ 25 \\ \hline \end{array}$

2. $\begin{array}{r} 14 \\ +\ 6 \\ \hline \end{array}$

3. $\begin{array}{r} 47 \\ +\ 38 \\ \hline \end{array}$

4. $\begin{array}{r} 87 \\ -\ 48 \\ \hline \end{array}$

5. $\begin{array}{r} 34 \\ +\ 18 \\ \hline \end{array}$

6. $\begin{array}{r} 27 \\ -\ 8 \\ \hline \end{array}$

7. $\begin{array}{r} 100 \\ -\ 85 \\ \hline \end{array}$

8. $\begin{array}{r} 67 \\ -\ 29 \\ \hline \end{array}$

9. $\begin{array}{r} 58 \\ +\ 37 \\ \hline \end{array}$

10. $\begin{array}{r} 81 \\ -\ 53 \\ \hline \end{array}$

11. $\begin{array}{r} 47 \\ +\ 37 \\ \hline \end{array}$

12. $\begin{array}{r} 99 \\ -\ 39 \\ \hline \end{array}$

Nombre ______________________________

Haz un dibujo. Escribe una ecuación. Resuelve el problema.

Muestra tu trabajo.

1 Mayumi va de compras con su mamá. Pone 8 naranjas en la canasta. Su mamá pone 7 naranjas más. ¿Cuántas naranjas hay en la canasta ahora?

☐ ______________________
rótulo

2 Escribe todas las ecuaciones para 83, 35 y 48.

83

35   48

$35 + 48 = 83$ ______________________

$83 = 35 + 48$ ______________________

____

____

____

____

____

____

3 **Amplía tu razonamiento** Allison resolvió este problema. ¿Está en lo correcto? Si no, explica y resuelve.

$$\begin{array}{r} 46 \\ +\ 17 \\ \hline 53 \end{array}$$

____

____

____

Nombre ______________________

El señor Green quiere comprar algunos artículos en el mercado de pulgas. Pagará los artículos con un dólar (100 centavos). ¿Cuánto cambio recibirá?

Mitones	Binoculares de juguete	Cámara de juguete	Cordero de juguete	Planta
17¢	39¢	46¢	28¢	52¢

1. El señor Green compra los mitones y la planta.

  ________ ¢
+ ________ ¢
Total: ________
100¢ − ________ = ________
Su cambio será ________ ¢.

2. El señor Green compra el cordero de juguete y la cámara de juguete.

  ________ ¢
+ ________ ¢
Total: ________
100¢ − ________ = ________
Su cambio será ________ ¢.

3. El señor Green compra los binoculares de juguete y el cordero de juguete.

  ________ ¢
+ ________ ¢
Total: ________
100¢ − ________ = ________
Su cambio será ________ ¢.

4. El señor Green compra la cámara de juguete y la planta.

  ________ ¢
+ ________ ¢
Total: ________
100¢ − ________ = ________
Su cambio será ________ ¢.

Nombre ______________________

Suma o resta.

1

$$5 + 4 \qquad 9 + 6 \qquad 6 + 8 \qquad 13 - 8 \qquad 18 - 9 \qquad 14 - 9$$

Tacha la información adicional o escribe la información oculta o faltante. Luego resuelve el problema.

Muestra tu trabajo.

2 Latisha tiene algunas manzanas. Compra 5 más. ¿Cuántas manzanas tiene ahora?

____

[ ] ______________________
rótulo

Suma o resta. ¡Observa el signo!

3

$$73 - 38 \qquad 56 + 27 \qquad 100 - 47$$

4 **Amplía tu razonamiento** Rashid tiene un dólar (100 centavos). Quiere comprar una pelota de 50 centavos. También quiere comprar otros dos juguetes y que aún le sobre dinero. Explica qué debe hacer Rashid cuando elija los dos juguetes.

____

____

____

4-16
Haz la tarea

Nombre ____________________

Suma para resolver cada problema.

Muestra tu trabajo.

1. Rudy tiene 45 hormigas en su terrario. Agrega algunas más al terrario. Ahora hay 69 hormigas. ¿Cuántas hormigas agrega Rudy a su terrario?

☐ ____________________
rótulo

2. Tina tiene 92 flores en su jardín esta mañana. Después de llevar algunas flores a la escuela, hay 33 flores en el jardín. ¿Cuántas flores lleva Tina a la escuela?

☐ ____________________
rótulo

3. Lisa reúne 86 botones. Luego da algunos a Matt. Ahora Lisa tiene 61 botones. ¿Cuántos botones da Lisa a Matt?

☐ ____________________
rótulo

4. Había 73 carros en el garaje esta mañana. Ahora hay 24 carros en el garaje. ¿Cuántos carros salieron del garaje?

☐ ____________________
rótulo

Nombre ______________________________

Suma. Usa dobles.

1. $5 + 6 = \square$ $9 + 7 = \square$ $10 + 8 = \square$

2. $7 + 8 = \square$ $8 + 8 = \square$ $7 + 6 = \square$

María y Tom compran artículos en la tienda de la escuela. Cada uno paga por los artículos con un dólar (100 centavos). ¿Cuánto cambio recibirán?

Borrador	Adhesivo	Bolígrafo	Marcador	Pegamento
37¢	16¢	34¢	51¢	48¢

3. María compra el marcador y el adhesivo.

   ______ ¢
   \+ ______ ¢
   Total: ______ ¢
   100¢ − ______ = ______
   Su cambio será ______ ¢.

4. Tom compra el borrador y el pegamento.

   ______ ¢
   \+ ______ ¢
   Total: ______ ¢
   100¢ − ______ = ______
   Su cambio será ______ ¢.

5. **Amplía tu razonamiento** Usa los dibujos y los precios de arriba. Imagina que María tiene otros 100 centavos y compra un artículo. Si le quedan 66¢, ¿cómo puedes saber qué artículo compró? Explica.

____

____

Nombre ______________________

Suma para resolver cada problema. *Muestra tu trabajo.*

1. Alma y Larry tienen adhesivos para poner en su cartel. Alma tiene 28 adhesivos. Tienen 84 adhesivos en total. ¿Cuántos adhesivos tiene Larry?

   ☐ ______________________
   rótulo

2. Hay 61 revistas en la biblioteca. Luego llegan más revistas. Ahora hay 100 revistas. ¿Cuántas revistas llegaron a la biblioteca?

   ☐ ______________________
   rótulo

3. Mori pone 95 pretzels en un tazón. Sus amigos comen algunos. Ahora hay 72 pretzels en el tazón. ¿Cuántos pretzels comieron sus amigos?

   ☐ ______________________
   rótulo

4. El equipo de baloncesto de Eric anota 36 puntos en el primer partido. Anotan algunos puntos en el segundo partido. En los dos juegos, anotan 52 puntos en total. ¿Cuántos puntos anotan en el segundo partido?

   ☐ ______________________
   rótulo

Nombre ______________________

Usa tu regla de centímetros. Mide el siguiente segmento de recta horizontal marcando y contando longitudes de 1 cm.

1 ______________________ ☐ cm

Suma unidades o decenas.

2 $5 + 6 =$ ☐ $8 + 7 =$ ☐ $9 + 4 =$ ☐

$50 + 60 =$ ☐ $80 + 70 =$ ☐ $90 + 40 =$ ☐

Suma para resolver el problema.

Muestra tu trabajo.

3 Austin tiene 65 estampillas de los Estados Unidos. Obtiene más estampillas de otros países. Ahora tiene 84 estampillas. ¿Cuántas estampillas son de otros países?

☐ ______________________
rótulo

4 **Amplía tu razonamiento** Mira el Problema 3. ¿Sumaste para resolver el problema? Explica.

____

____

____

Nombre ______________________________

Escribe una ecuación. Resuelve el problema.

1. La madre de Abigail le da algunas zanahorias para vender en la feria estatal. Abigail toma 16 zanahorias más del huerto. Ahora Abigail tiene 73 zanahorias para vender. ¿Cuántas zanahorias le dio su madre?

☐ ______________________
rótulo

2. Stanley el tendero tiene muchas cebollas. Vende 44 cebollas en la mañana. Ahora le quedan 48 cebollas por vender. ¿Cuántas cebollas tenía Stanley al comienzo?

☐ ______________________
rótulo

3. Al final de la primera mitad del partido de baloncesto, el equipo de Carmen anota 23 puntos. Al final de la segunda mitad, tienen 52 puntos. ¿Cuántos puntos anotó el equipo de Carmen en la segunda mitad del partido?

☐ ______________________
rótulo

4. El señor Art tiene 88 hojas de papel en su armario. Da algunas hojas a sus estudiantes. Luego le quedan 61 hojas de papel. ¿Cuántas hojas de papel dio el señor Art a sus estudiantes?

☐ ______________________
rótulo

Nombre ______________________

Halla el sumando desconocido.

1. 5 + ☐ = 13 16 − 7 = ☐ 6 + ☐ = 14

2. 9 + ☐ = 16 15 − 8 = ☐ 13 − 7 = ☐

3. **Haz un dibujo y explica** Dibuja dos Montañas matemáticas distintas con un total de 13. Explica por qué puedes formar dos Montañas matemáticas distintas.

____

____

____

____

Resuelve el problema.

Muestra tu trabajo.

4. Erin tiene 56 crayones. Obtiene algunos nuevos. Ahora tiene 82 crayones. ¿Cuántos crayones nuevos obtuvo?

☐ ______________ rótulo

5. **Amplía tu razonamiento** Escribe y resuelve un problema verbal que tenga un número de inicio desconocido. Usa números de 2 dígitos.

____

____

____

____

Nombre

Dibuja barras de comparación y escribe una ecuación para resolver cada problema.

1. Tran tiene 29 conchas de mar. Vimi tiene 63 conchas de mar. ¿Cuántas conchas de mar menos tiene Tran que Vimi?

rótulo

2. Justine y Morgan compran plumas en la tienda de manualidades. Morgan compra 17 plumas más que Justine. Morgan compra 76 plumas. ¿Cuántas plumas compra Justine?

rótulo

3. Ali tiene 54 lebistes en su pecera. Peter tiene 28 lebistes más que Ali. ¿Cuántos lebistes tiene Peter en su pecera?

rótulo

4. Stanley el tendero compra 91 bolsas de harina para su tienda. Ted compra 46 bolsas de harina menos que Stanley. ¿Cuántas bolsas de harina compra Ted?

rótulo

4-19
Recuerda

Nombre ____________________

Dibuja líneas para formar parejas. Escribe par o impar.

1 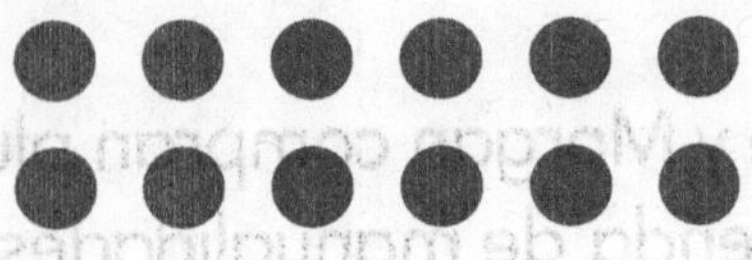

____

2 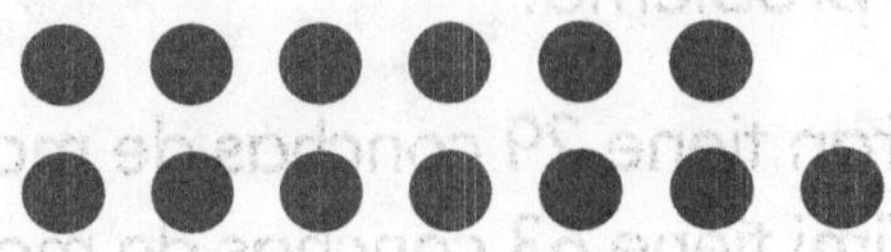

____

Sé el ayudante. ¿Está bien respuesta? Escribe sí o no.
Si es *no*, corrige el error y escribe la respuesta correcta.

3 $\begin{array}{r} 59 \\ +\ 23 \\ \hline 82 \end{array}$ ¿Bien? ☐

4 $\begin{array}{r} 16 \\ +\ 58 \\ \hline 64 \end{array}$ ¿Bien? ☐

5 $\begin{array}{r} 37 \\ +\ 49 \\ \hline 716 \end{array}$ ¿Bien? ☐

Escribe una ecuación. Resuelve el problema.

6 La señora Patel tiene algunos platos. Usa 37 en un pícnic. Le quedan 58 platos. ¿Cuántos platos había en la pila al comienzo?

☐ __________
rótulo

7 **Amplía tu razonamiento** Escribe y resuelve un problema que concuerde con el dibujo.

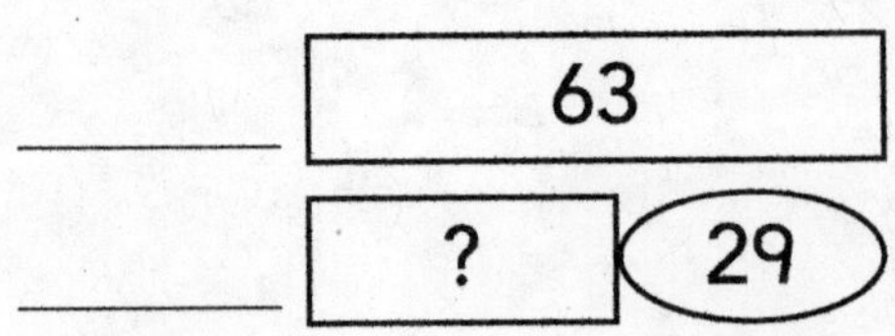

____

____

____

Nombre ______________________

Haz un dibujo. Escribe una ecuación. Resuelve.

1. Mariana tiene 63 fotos en su álbum. Estas son 23 fotos menos que Sharon. ¿Cuántos fotos tiene Sharon?

☐ ______________________
rótulo

2. Fred tiene crayones. Da 26 crayones a Drew. Ahora Fred tiene 42 crayones. ¿Cuántos crayones tenía Fred al comienzo?

☐ ______________________
rótulo

3. Marisa sacó 60 tazones para la fiesta. Treinta y cinco de los tazones son grandes. El resto son pequeños. ¿Cuántos tazones pequeños sacó Marisa?

☐ ______________________
rótulo

4. Simón vende 35 boletos para la obra de teatro de la escuela. Si vende 24 boletos más, venderá todos los boletos que tenía al comienzo. ¿Con cuántos boletos empezó Simón?

☐ ______________________
rótulo

Nombre ____________________

Suma.

1. 15 + 29 + 34 = ________

2. 23 + 38 + 27 + 59 = ________

Resuelve el problema.

Muestra tu trabajo.

3. Carter tiene 5 camisetas, 4 camisas lisas y algunas camisas a cuadros. En total tiene 15 camisas. ¿Cuántas camisas a cuadros tiene?

☐ ____________________
rótulo

Dibuja barras de comparación y escribe una ecuación para resolver el problema.

4. Max tiene 72 monedas de 1¢. Julia tiene 34 monedas de 1¢ menos que Max. ¿Cuántas monedas de 1¢ tiene Julia?

☐ ____________________
rótulo

5. **Amplía tu razonamiento** Escribe y resuelve un problema que concuerde con el dibujo.

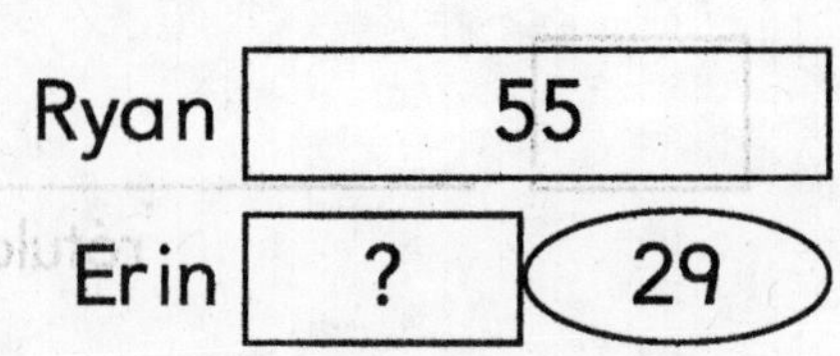

____

____

____

Nombre ____________________

Piensa en la pregunta del primer paso.
Luego resuelve el problema.

1. Luisa tiene 35 bloques de construcción. Jack le da 18 bloques más. Luisa usa 26 bloques para construir un castillo. ¿Cuántos bloques no usa en el castillo?

☐ ____________________
rótulo

2. Hay 45 manzanas rojas y 24 manzanas verdes a la venta en el puesto de productos agrícolas. La granjera vende algunas manzanas. Ahora le quedan 36 manzanas. ¿Cuántas manzanas vende la granjera?

☐ ____________________
rótulo

3. María tiene 16 cuentas más que Gus. Gus tiene 24 cuentas. Denise tiene 12 cuentas más que María. ¿Cuántas cuentas tiene Denise?

☐ ____________________
rótulo

Nombre ____________________

Halla el total o la diferencia.

1

$$\begin{array}{r} 7 \\ +\ 8 \\ \hline \end{array} \quad \begin{array}{r} 6 \\ +\ 8 \\ \hline \end{array} \quad \begin{array}{r} 9 \\ +\ 6 \\ \hline \end{array} \quad \begin{array}{r} 16 \\ -\ 8 \\ \hline \end{array} \quad \begin{array}{r} 12 \\ -\ 7 \\ \hline \end{array} \quad \begin{array}{r} 17 \\ -\ 9 \\ \hline \end{array}$$

2 Busca figuras en tu clase y escuela. Haz una lista o dibuja objetos que muestren triángulos.

Haz un dibujo. Escribe una ecuación. Resuelve.

3 Eric tiene 53 cromos de béisbol. 17 cromos son nuevos. El resto son viejos. ¿Cuántos cromos de béisbol son viejos?

☐ ____________________
rótulo

4 **Amplía tu razonamiento** Escribe un problema de dos pasos en el que se use la resta y luego la suma. Resuelve.

____

____

____

Nombre ______________________

Piensa en la pregunta del primer paso.
Luego resuelve el problema.

1. Hay 45 estudiantes en el parque en la mañana. 25 son niños y el resto son niñas. Algunas niñas más vienen al parque en la tarde. Ahora hay 30 niñas en el parque. ¿Cuántas niñas vienen al parque en la tarde?

☐ ______________________
rótulo

2. Jonah tiene 36 hojas de papel verde y 26 hojas de papel azul. Da algunas hojas de papel verde a Tova. Ahora tiene 42 hojas de papel. ¿Cuántas hojas de papel verde da a Tova?

☐ ______________________
rótulo

3. Hay 16 libros de misterio, 22 libros de historia y 21 libros de ciencias en una librería grande. Una biblioteca más pequeña tiene 30 libros menos. ¿Cuántos libros hay en la librería más pequeña?

☐ ______________________
rótulo

4-22
Recuerda

Nombre ______________________________

Estima y mide cada lado. Luego halla la distancia alrededor del rectángulo.

1

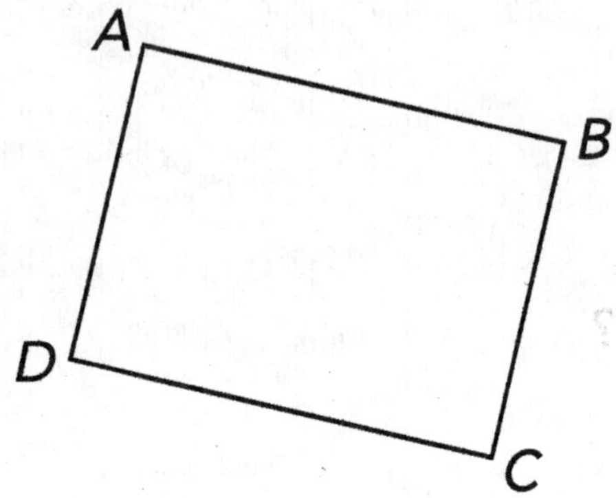

a. Completa la tabla. Usa una regla de centímetros para medir.

Lado	Estimación	Medida
AB		
BC		
CD		
DA		

b. Halla la distancia alrededor del rectángulo.

_____ cm + _____ cm + _____ cm + _____ cm = _____ cm

Piensa en la pregunta del primer paso. Luego resuelve el problema.

2 Kate tiene 37 crayones viejos y 45 crayones nuevos. Da algunos crayones a Sam. Ahora tiene 56 crayones. ¿Cuántos crayones dio a Sam?

☐ ______________________
rótulo

---

3 **Amplía tu razonamiento** Usa la información de la tabla para escribir un problema de dos pasos. Luego resuelve.

Puntos anotados	
Will	47
Ava	29
Cody	35

____

____

____

Nombre ______________________

Cada uno de los estudiantes en el equipo de matemáticas midió la longitud de uno de sus pies. Hicieron una tabla para mostrar los datos.

Longitud del pie

Nombre	Longitud
Marta	19 cm
Pedro	18 cm
Alberto	20 cm
Miko	13 cm
Sasha	16 cm

Usa la tabla para solucionar cada problema.

Muestra tu trabajo.

1. ¿Cuánto más largo es el pie de Alberto que el de Pedro?

   ☐ ______________
   rótulo

2. ¿Qué niño tiene un pie 3 cm más largo que el de Sasha?

   ____

3. El pie de Miko es 2 cm más corto que el de Jon. ¿Cuál es la longitud del pie de Jon?

   ☐ ______________
   rótulo

4. Usa la información de la tabla para escribir tu propio problema. Resuelve el problema.

   ____

   ____

   ____

Nombre ______________________

Completa la ecuación de suma de dobles.

❶ ☐ + ☐ = 14

❷ ☐ + ☐ = 8

❸ ☐ + ☐ = 6

❹ ☐ + ☐ = 18

Suma.

❺

$$\begin{array}{r} 46 \\ +\ 28 \\ \hline \end{array} \qquad \begin{array}{r} 34 \\ +\ 57 \\ \hline \end{array} \qquad \begin{array}{r} 69 \\ +\ 52 \\ \hline \end{array}$$

Piensa en la pregunta del primer paso.
Luego resuelve el problema.

❻ El entrenador recibe 24 uniformes grandes, 18 uniformes medianos y 25 uniformes pequeños. Devuelve 19 uniformes. ¿Cuántos uniformes tiene ahora el entrenador?

☐ ______________________
rótulo

❼ **Amplía tu razonamiento** Usa una regla de centímetros para medir cuatro objetos. Anota cada longitud. Luego escribe una pregunta y resuélvela.

Objeto	Longitud

____

____

____

____

5-1
Haz la tarea

Nombre ______________________________

Escribe la hora de dos modos distintos.

1

_____ en punto

4:00

2

_____ en punto

:

3

_____ en punto

:

Dibuja las manecillas de cada reloj analógico y escribe la hora en cada uno de los siguientes relojes digitales.

4

1 en punto

:

5

6 en punto

:

6

12 en punto

:

Para cada actividad, encierra en un círculo la hora adecuada.

7 Comer una merienda a la tarde

3:00 a. m.   2:00 p. m.   6:00 p. m.

8 Ir a ver una película después de la cena

8:00 a. m.   12:00 MEDIODÍA   7:00 p. m.

Nombre ______________________________

Suma.

❶

4	6	3	5	8	9
+ 7	+ 9	+ 7	+ 2	+ 8	+ 1

¿Qué número se muestra? C = Centenas, D = Decenas, U = Unidades

❷ 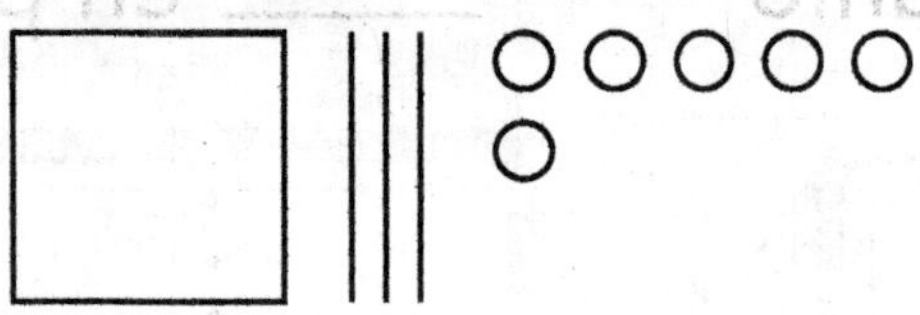

_____ H _____ T _____ O

_____ = _____ + _____ + _____

❸ 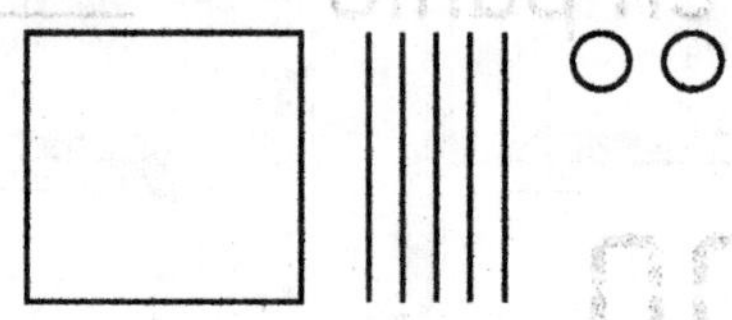

_____ H _____ T _____ O

_____ = _____ + _____ + _____

Rotula las figuras usando las palabras del recuadro.

cubo	cuadrilátero	pentágono	hexágono

❹ 

____

❺ 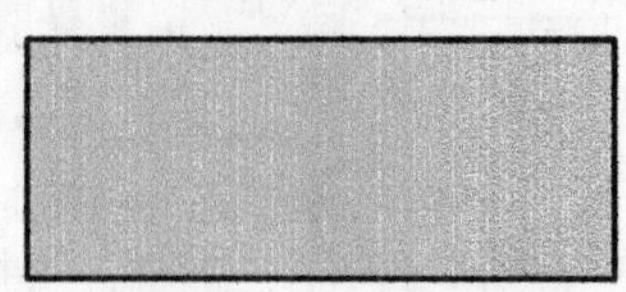

____

❻ **Amplía tu razonamiento** Nombra la misma actividad que puedes hacer a las 9:00 a. m. y a las 9:00 p. m.

____

Nombre ____________________

Escribe la hora en los relojes digitales.

1 

 :

2 

 :

3 

 :

4 

 :

Dibuja las manecillas en cada reloj para mostrar la hora.

5 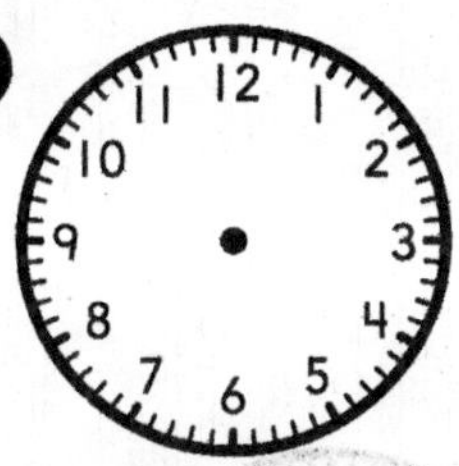

8:15

6 

11:20

7 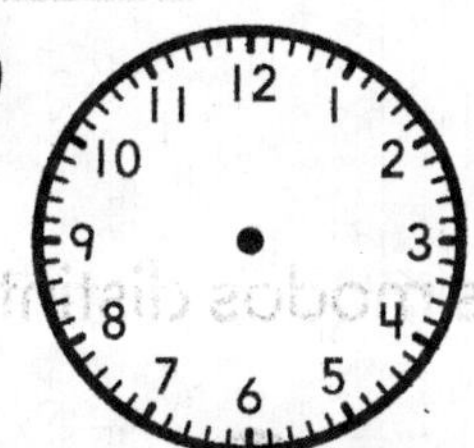

12:30

8 

1:45

Para cada actividad, encierra con un círculo la hora adecuada.

9 un paseo al zoológico

11:10 a. m.

11:10 p. m.

10 hacer castillos de arena

10:00 a. m.

10:00 p. m.

11 un cuento antes de dormir

8:15 a. m.

8:15 p. m.

12 hacer marionetas de sombras

9:30 a. m.

9:30 p. m.

Nombre ______________________________

Completa la ecuación de suma de dobles.

1. ☐ + ☐ = 8
2. ☐ + ☐ = 18
3. ☐ + ☐ = 12
4. ☐ + ☐ = 16

Suma. Usa cualquier método.

5. 53 + 89 = ____
6. 72 + 48 = ____
7. 95 + 66 = ____

Escribe la hora de dos modos distintos.

8. 

____ en punto

____ : ____

9. 

____ en punto

____ : ____

10. 

____ en punto

____ : ____

11. **Amplía tu razonamiento** Nombra tres horas distintas cuando ambas manecillas están entre el 12 y el 3 en el reloj.

____

Nombre ______________________________

Usa la pictografía para responder las preguntas.

Ventas de libros

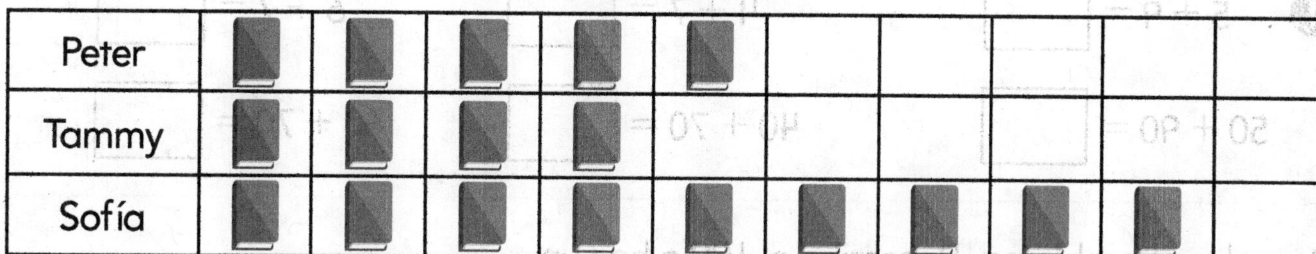

1. ¿Quién vendió más libros? ______________

2. ¿Quién vendió menos libros? ______________

3. ¿Cuántos libros más vendió Sofía que Tammy?

   ☐ ______________
   rótulo

4. ¿Cuántos libros menos vendió Peter que Sofía?

   ☐ ______________
   rótulo

5. ¿Cuántos libros más vendió Peter que Tammy?

   ☐ ______________
   rótulo

6. ¿Cuántos libros vendieron los niños en total?

   ☐ ______________
   rótulo

7. **Escribe tus propias preguntas** Escribe y resuelve tus propias preguntas acerca de la gráfica.

____

____

5-3
Recuerda

Nombre ____

Suma unidades o decenas.

1 $5 + 9 =$ ☐ $4 + 7 =$ ☐ $6 + 7 =$ ☐

$50 + 90 =$ ☐ $40 + 70 =$ ☐ $60 + 70 =$ ☐

Resuelve el problema. Reescribe el 100 o haz un dibujo. Suma para revisar tu trabajo.

2 Savanna tenía 100 monedas de 1¢ en un frasco. Gastó algunas. Ahora tiene 27 en el frasco. ¿Cuántas monedas de 1¢ gastó?

☐ ____________________
rótulo

Dibuja las manecillas en cada reloj para mostrar la hora.

3 

5:10

4 

2:50

5 

10:25

6 

7:45

7 **Amplía tu razonamiento** Sin contar, ¿cómo puedes saber qué objeto tiene el mayor número en una pictografía?

____

____

5-4
Haz la tarea

Nombre ______________________

Lee la pictografía. Escribe el número.
Encierra en un círculo *más* o *menos*.

Número de peces dorados

Mina	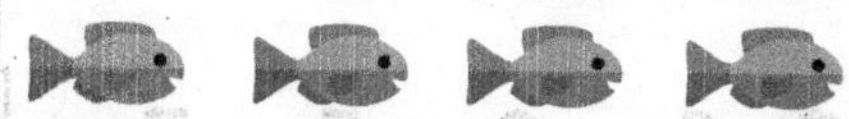
Emily	
Raj	

❶ Mina tiene ☐ *más* *menos* peces dorados que Emily

❷ Raj necesita ☐ *más* *menos* peces para tener tantos como Emily.

Resuelve.

Número de campanas

Dan	
Tani	
Loren	

❸ ¿Cuántas campanas tienen los niños en total?

☐ ______________
rótulo

❹ Dan tiene 6 campanas rojas. El resto son amarillas. ¿Cuántas de las campanas de Dan son amarillas?

☐ ______________
rótulo

5-4
Recuerda

Nombre ______________________________

Suma en cualquier orden. Escribe el total.

❶ $1 + 5 + 9 = \square$

❷ $6 + 6 + 5 = \square$

❸ $2 + 4 + 3 + 3 = \square$

❹ $3 + 8 + 5 + 7 = \square$

Usa la pictografía para responder las preguntas.

Bolígrafos

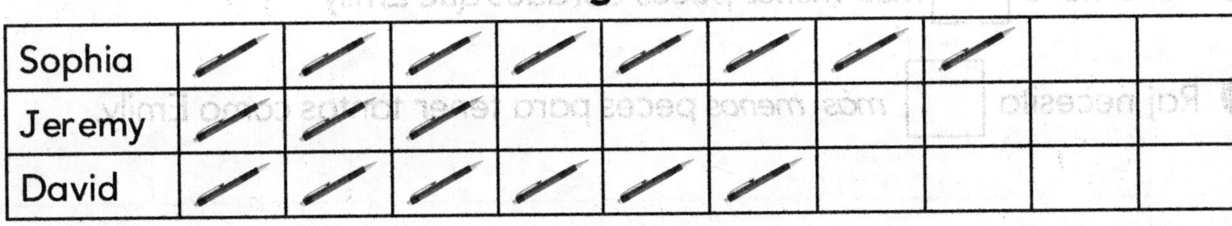

❺ ¿Quién tiene la mayor cantidad de bolígrafos? ______________

❻ ¿Quién tiene la menor cantidad de bolígrafos? ______________

❼ ¿Cuántos bolígrafos más tiene Sophia que David?

$\square$ ______________
rótulo

❽ **Amplía tu razonamiento** Sin contar todos los bolígrafos, explica cómo puedes hallar cuántos bolígrafos menos tiene Jeremy que David.

____

____

____

Nombre ____________________

1 El parque tiene 9 robles, 2 arces y 6 olmos. Completa la tabla de datos.

Árboles en el parque

Roble	
Arce	
Olmo	

2 Usa la tabla de datos para completar la gráfica de barras.

Árboles en el parque

Roble										
Arce										
Olmo										
0	1	2	3	4	5	6	7	8	9	10

Usa tu gráfica de barras. Escribe el número y encierra en un círculo *más* o *menos*.

3 Hay ☐ robles *más* *menos* que arces en el parque.

4 Hay ☐ arces *más* *menos* que olmos en el parque.

5 Necesitamos plantar ☐ olmos *más* *menos* para tener tantos olmos como robles.

Nombre ______________________________

Suma.

❶ 20 + 40 = _____ 10 + 90 = _____ 50 + 30 = _____

2 + 4 = _____ 1 + 9 = _____ 5 + 3 = _____

Lee la pictografía.
Escribe el número. Encierra en un círculo *más* o *menos*.

Número de crayones

Ellen	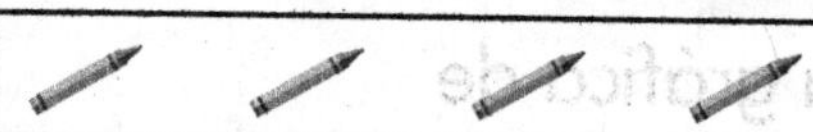
Brad	
Yoko	

❷ Brad tiene ☐ crayones *más menos* que Yoko.

❸ Ellen necesita ☐ crayones *más menos* para tener tantos crayones como Brad.

❹ Cinco de los crayones de Yoko son nuevos. El resto de sus crayones son viejos. ¿Cuántos son viejos?

☐ ______________
rótulo

❺ **Amplía tu razonamiento** Explica en qué se parecen una gráfica de barras y un pictograma.

____

____

____

____

Nombre ______________________________

19 niños tocan un instrumento musical cada uno.

Instrumentos que tocan los niños

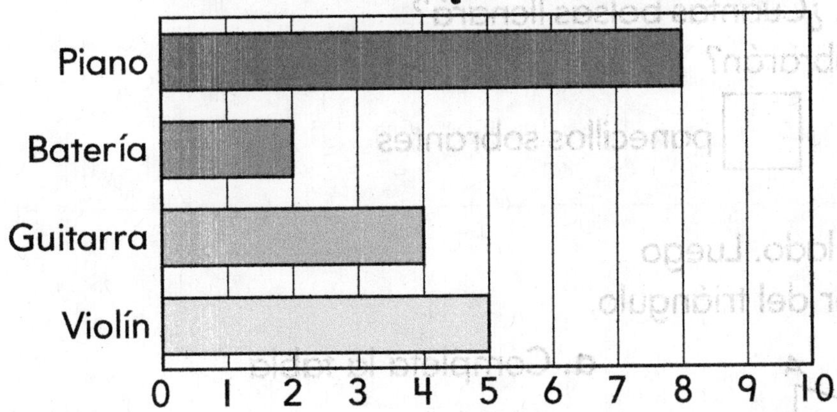

Usa la gráfica de barras para completar las oraciones.

1. Dos niños menos tocan el/la ____________________ que la guitarra.

2. Nueve niños tocan el/la ____________________ o el/la ____________________.

3. ☐ niños más tienen que tocar la guitarra para que haya el mismo número que niños que tocan el piano.

4. ☐ niños menos tocan el violín que niños que tocan el piano.

5. ☐ niños tocan el piano o la batería.

6. ☐ niños tocan el piano, la guitarra o el violín.

Nombre ____________________

Resuelve. Haz un dibujo de prueba. *Muestra tu trabajo.*

1 Megan hornea 57 panecillos. Cada bolsa contiene 10 panecillos. ¿Cuántas bolsas llenará? ¿Cuántos panecillos sobrarán?

☐ bolsas ☐ panecillos sobrantes

Estima y luego mide cada lado. Luego halla la distancia alrededor del triángulo.

2

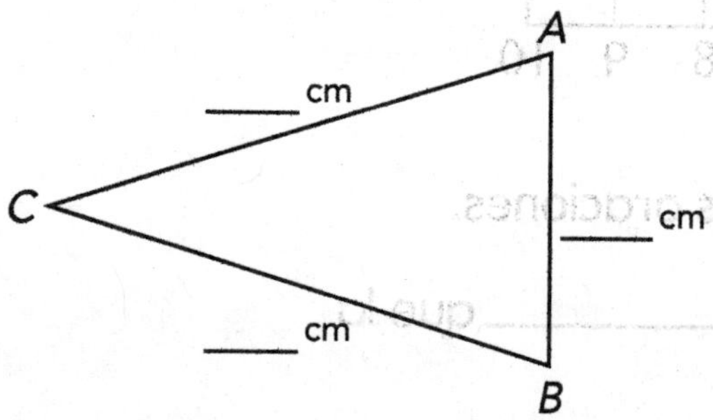

a. Completa la tabla

Lado	Estimación	Medida
AB		
BC		
CA		

b. Halla la distancia alrededor del triángulo.

_____ cm + _____ cm + _____ cm = _____ cm

3 Nathan tiene 6 carros, 4 camiones y 8 autobuses en su garaje de juguetes. Completa la tabla para mostrar esto.

Garaje de Nathan

Carros	
Camiones	
Autobuses	

4 **Amplía tu razonamiento** Mira la tabla completa del Ejercicio 3. Explica cómo se verían las barras si la información estuviera en una gráfica de barras.

____

____

____

Nombre ____________________

Usa la gráfica de barras para responder las siguientes preguntas. Rellena el círculo junto a la respuesta correcta.

Comida en mis estantes

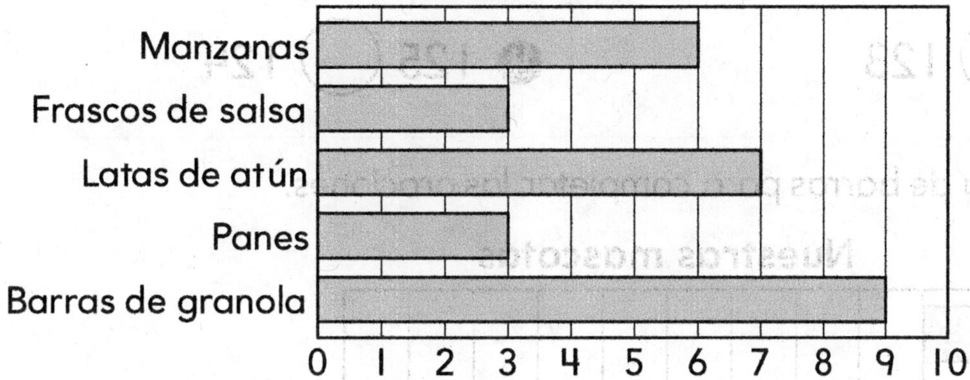

1. ¿Cuántas latas de atún más hay que frascos de salsa?
   - ◯ 4
   - ◯ 5
   - ◯ 6
   - ◯ 7

2. En total, ¿cuántas manzanas y barras de granola tengo?
   - ◯ 11
   - ◯ 13
   - ◯ 15
   - ◯ 16

3. Como algunas manzanas. Ahora solo quedan 4 manzanas. ¿Cuántas manzanas comí?
   - ◯ 0
   - ◯ 1
   - ◯ 2
   - ◯ 4

4. **Escribe tu propia pregunta** Escribe una pregunta sobre la gráfica. Responde tu pregunta.

____

____

Nombre ____________________

Escribe <, > o =.

1. 164 ◯ 146
2. 79 ◯ 79
3. 88 ◯ 123
4. 125 ◯ 124

Usa la gráfica de barras para completar las oraciones.

Nuestras mascotas

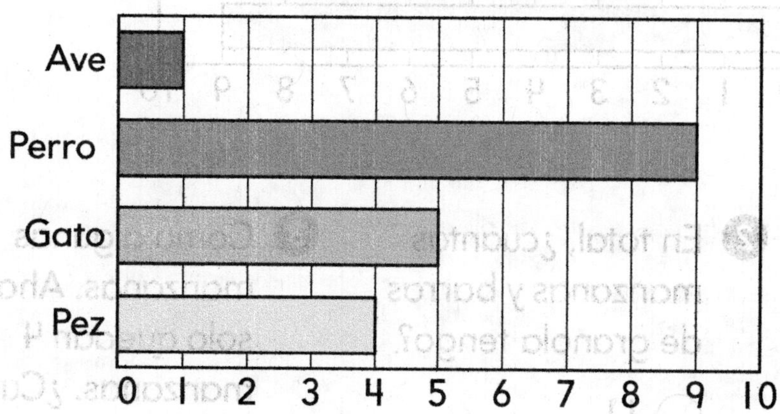

5. Tres niños menos tienen ____________ en vez de peces.
6. Trece niños tienen ____________ o ____________.
7. ________ niños más deben tener gatos para que haya el mismo número que niños que tienen perros.
8. **Amplía tu razonamiento** Mira la gráfica de barras. Nombra tres modos en que podría cambiar la información para que hubiera el mismo número de aves que de gatos.

____

____

Nombre ______________________________

1 Prince ganó 8 medallas en la exhibición de perros. Lady ganó 5 medallas. Muffy ganó 3 medallas. Haz una tabla para mostrar esto.

____

Perro	Medallas

2 Usa la información de la tabla para hacer una pictografía. Usa un círculo para cada .

____

3 Usa la información de la tabla para hacer una gráfica de barras.

____

______										
______										
______										
	__	__	__	__	__	__	__	__	__	__

5-8
Recuerda

Nombre ______________________________

Resta usando cualquier método.

❶ $\begin{array}{r} 73 \\ -42 \\ \hline \end{array}$

❷ $\begin{array}{r} 60 \\ -18 \\ \hline \end{array}$

Usa la gráfica de barras para responder las siguientes preguntas. Rellena el círculo junto a la respuesta correcta.

Marcadores de Eric

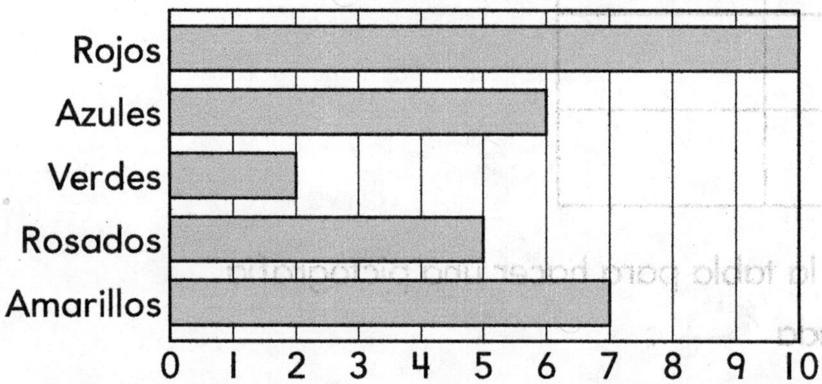

❸ ¿Cuántos marcadores verdes menos que marcadores rosados tiene Eric?

◯ 5

◯ 4

◯ 3

◯ 2

❹ Eric pierde algunos marcadores rojos. Ahora solo le quedan 6 marcadores rojos. ¿Cuántos marcadores rojos perdió?

◯ 16

◯ 9

◯ 5

◯ 4

❺ **Amplía tu razonamiento** Haz una tabla que muestre la siguiente información sobre los árboles de un parque. Hay el doble de robles que de olmos. Hay 3 arces menos que robles.

____

Nombre ______________________________

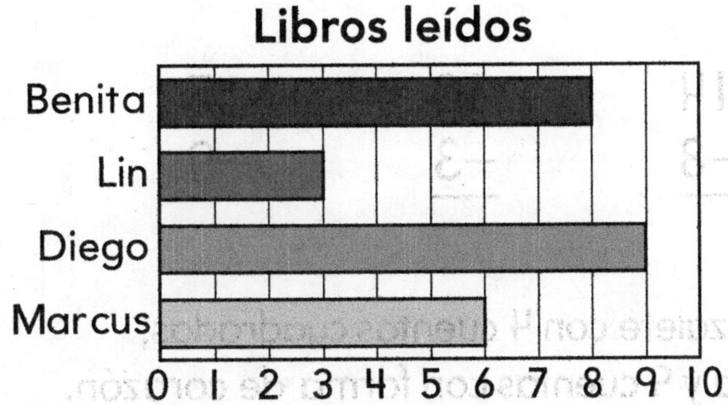

Usa la gráfica de barras para resolver los problemas.

1. Benita leyó 4 libros de historia. El resto fueron libros de ciencias. ¿Cuántos libros de ciencias leyó?

   ☐ ______________________
   rótulo

2. Marcus leyó 3 libros menos que Gina. ¿Cuántos libros leyó Gina?

   ☐ ______________________
   rótulo

3. Diego leyó 4 libros más que Eva. ¿Cuántos libros leyó Eva?

   ☐ ______________________
   rótulo

4. ¿Cuántos libros más leyeron Marcus y Diego que Benita y Lin?

   ☐ ______________________
   rótulo

5. Ali leyó 4 libros más que Lin y Marcus. ¿Cuántos libros leyó Ali?

   ☐ ______________________
   rótulo

Nombre ______________________________

Resta.

1

18	14	10	15	16	11
−9	−8	−3	−9	−7	−5

2 Zoe hace un brazalete con 4 cuentas cuadradas, 1 cuenta ovalada y 9 cuentas con forma de corazón. Haz una tabla para mostrar esto.

____

3 Usa la información de la tabla para hacer una pictografía. Usa un círculo para cada cuenta.

____

4 **Amplía tu razonamiento** Menciona algo que la gráfica muestre.

____

____

Nombre ______________________________

La maestra Morgan preguntó a los estudiantes de su clase cuáles de estas mascotas les gustaban más.

¿Cuál es tu mascota favorita?

Perro	○○○○○ ○○○○
Gato	○○○○○ ○
Ave	○○○○
Pez	○○○○○

1 Usa la información de la tabla para hacer una gráfica de barras.

Título: ______________________________

______										
______										
______										
______										
	__	__	__	__	__	__	__	__	__	__

2 Piensa en tu mascota favorita. ¿Cómo cambiaría la gráfica si agregaras tu propia respuesta a la pregunta?

____

____

5-10
Recuerda

Nombre ______________________________

Escribe cómo contar el dinero.

1

25¢ ____ 35¢ ____ ____ ____ ____ ____ ____ ____

Usa la gráfica de barras para resolver los problemas.

Crayones en una caja

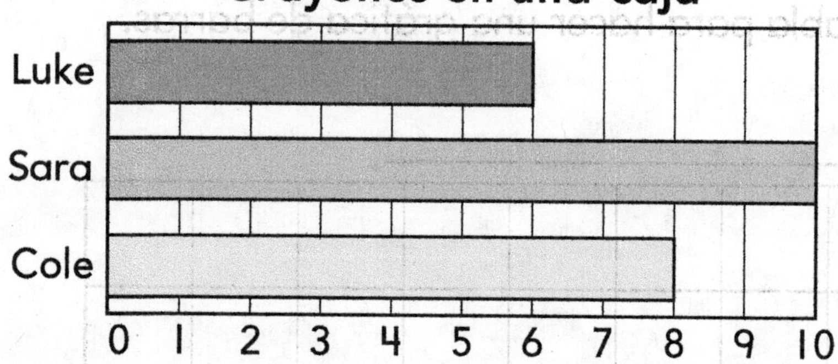

2 Cinco de los crayones de Sara son nuevos.
El resto son viejos. ¿Cuántos crayones son viejos?

☐ ____________________

3 Alexa tiene 3 crayones más que Luke.
¿Cuántos crayones tiene Alexa?

☐ ____________________

4 **Amplía tu razonamiento** Mira la gráfica de barras.
Explica qué podría cambiar para que todos tengan el mismo número de crayones.

____

____

Nombre ____________________

Cuentas las centenas, las decenas y las unidades.
Escribe los totales

1 

_____ Centenas _____ Decenas _____ Unidades

Total _____

2 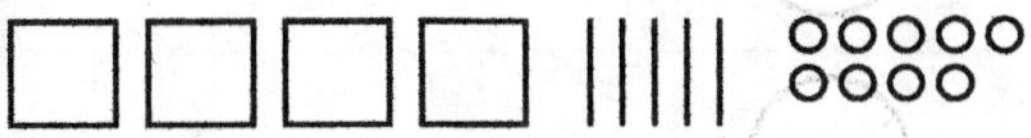

_____ Centenas _____ Decenas _____ Unidades

Total _____

Dibuja para mostrar los números. Usa cajas, palitos y círculos.

3 2 Centenas 4 Decenas 3 Unidades

4 4 Centenas 6 Decenas 8 Unidades

5 3 Centenas 8 Decenas 2 Unidades

6 1 Centenas 7 Decenas 7 Unidades

Nombre ______________________________

Suma.

1. $\begin{array}{r} 43 \\ +\ 28 \\ \hline \end{array}$ 2. $\begin{array}{r} 65 \\ +\ 17 \\ \hline \end{array}$ 3. $\begin{array}{r} 35 \\ +\ 28 \\ \hline \end{array}$ 4. $\begin{array}{r} 52 \\ +\ 38 \\ \hline \end{array}$ 5. $\begin{array}{r} 47 \\ +\ 29 \\ \hline \end{array}$

Escribe <, > o =.

6. 153 ◯ 181	7. 113 ◯ 131
8. 56 ◯ 104	9. 59 ◯ 59
10. 84 ◯ 48	11. 151 ◯ 139

12. Escribe cómo contar el dinero.

25¢ ____ ____ ____ ____ ____ ____ ____

13. **Amplía tu razonamiento** Tienes bloques de base diez para 2 centenas, 2 decenas y 2 unidades. Escribe todos los números de 3 dígitos que puedes mostrar.

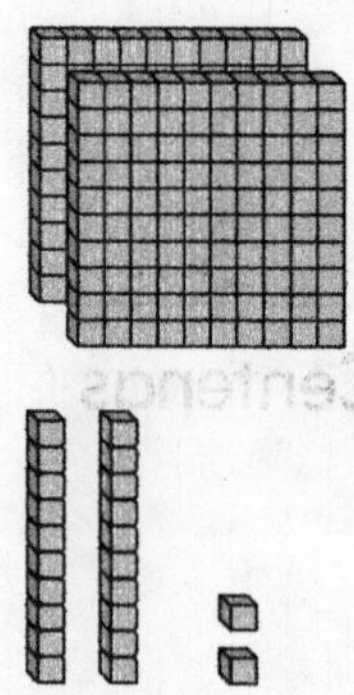

____

____

6-2
Haz la tarea

Nombre ____________________

Escribe las centenas, las decenas y las unidades.

1. 675 = 600 + 70 + 5
CDU
2. 519 = ______ + ______ + ______
3. 831 = ______ + ______ + ______
4. 487 = ______ + ______ + ______
5. 222 = ______ + ______ + ______
6. 765 = ______ + ______ + ______

Escribe el número.

7. 300 + 40 + 6 = 346
CDU
8. 100 + 60 = ______
9. 700 + 4 = ______
10. 200 + 50 + 3 = ______
11. 400 + 70 + 1 = ______
12. 800 + 80 + 8 = ______

Escribe el número que hace que la ecuación sea verdadera.

13. ______ = 30 + 5 + 400
14. 2 + 80 + 600 = ______
15. ______ = 60 + 800
16. 900 + 7 + 40 = ______
17. ______ = 300 + 4 + 50
18. 1 + 500 = ______
19. 729 = 20 + 9 + ______
20. ______ + 6 + 200 = 296

Nombre ____________________

Suma en cualquier orden. Escribe el total.

1. 8 + 1 + 4 = ☐

2. 6 + 9 + 5 = ☐

3. 7 + 4 + 3 = ☐

4. 8 + 3 + 2 = ☐

Dibuja una Montaña matemática para resolver el problema. Muestra cómo sumas o restas.

Muestra tu trabajo.

5. Hay 23 niñas y 49 niños haciendo fila. ¿Cuántos estudiantes están haciendo fila?

☐ ____________________
rótulo

6. Cuenta las centenas, las decenas y las unidades. Escribe el total.

_____ Centenas _____ Decenas _____ Unidades Total _____

7. **Amplía tu razonamiento** Escribe una ecuación de suma. La ecuación debe tener sumandos de 1, 2 y 3 dígitos y se deben usar todos estos dígitos.

6 6 2 2 8 8 0 0 0

____

____

6-3 Haz la tarea

Nombre ______________________________

Escribe <, > o =.

1. 285 ◯ 385
2. 452 ◯ 425
3. 961 ◯ 691
4. 199 ◯ 205
5. 754 ◯ 861
6. 738 ◯ 694
7. 367 ◯ 67
8. 274 ◯ 274
9. 158 ◯ 159
10. 106 ◯ 99
11. 222 ◯ 333
12. 73 ◯ 511
13. 604 ◯ 604
14. 138 ◯ 136
15. 288 ◯ 386
16. 207 ◯ 197
17. 648 ◯ 734
18. 549 ◯ 559
19. 762 ◯ 643
20. 709 ◯ 810
21. 691 ◯ 961
22. 802 ◯ 802

Nombre ______________________________

Haz de ayudante. ¿Está bien la respuesta? Escribe *sí* o *no*.
Si es *no*, corrige el error y escribe la respuesta correcta.

1
$$\begin{array}{r} 28 \\ +\ 34 \\ \hline 62 \end{array}$$
¿Bien? ☐

2
$$\begin{array}{r} 58 \\ +\ 17 \\ \hline 515 \end{array}$$
¿Bien? ☐

3
$$\begin{array}{r} 27 \\ +\ 45 \\ \hline 61 \end{array}$$
¿Bien? ☐

Suma para resolver el problema. *Muestra tu trabajo.*

4 Alice tiene 67 cuentas. Usa algunas cuentas para hacer un collar. Ahora tiene 39 cuentas. ¿Cuántas cuentas usó Alice para su collar?

☐ ______________________
rótulo

Escribe el número.

5 400 + 10 + 5 = ______

6 800 + 7 = ______

7 **Amplía tu razonamiento** Usa los dígitos para escribir pares de números de 3 dígitos. Escribe <, > o = para comparar los pares de números que escribas.

6 1 3 7 2 0

_____ ◯ _____   _____ ◯ _____

_____ ◯ _____   _____ ◯ _____

6-4
Haz la tarea

Nombre ______________________

Cuenta de unidad en unidad. Escribe los números.

1. 396 397 398 399 400 401 402 403 404
2. 695 696 ____ ____ ____ ____ ____ ____ 703
3. 498 499 ____ ____ ____ ____ ____ ____ 506
4. 894 ____ ____ ____ ____ ____ ____ ____ 902
5. 796 ____ ____ ____ ____ ____ ____ ____ 804

Cuenta de decena en decena. Escribe los números.

6. 830 840 850 860 870 880 890 900 910
7. 470 480 ____ ____ ____ ____ ____ ____ 550
8. 740 ____ ____ ____ ____ ____ ____ ____ 820
9. 380 ____ ____ ____ ____ ____ ____ ____ 460
10. 560 ____ ____ ____ ____ ____ ____ ____ 640

Escribe el nombre del número.

11. 597 ______________________________
12. 640 ______________________________

Nombre ______________________

Halla el total o parte.

1

4	9	7	13	16	18
+ 8	+ 6	+ 5	− 7	− 9	− 9

Resuelve el problema. *Muestra tu trabajo.*

2 Cameron lee 57 páginas el lunes y 85 páginas el martes. ¿Cuántas páginas lee en total?

☐ ______________________
rótulo

Escribe <, > o =.

3 675 ◯ 657

4 198 ◯ 201

5 86 ◯ 124

6 36 ◯ 36

7 **Amplía tu razonamiento** Natalie practica piano todos los días. El lunes practicó durante 10 minutos. Si practica todos los días durante 10 minutos, ¿qué día de la semana habrá practicado 90 minutos? Explica.

____

____

____

Nombre ____________________

Resuelve cada problema.

1. Maria infla globos para una fiesta. Los divide en 4 grupos de cien y 7 grupos de diez. Sobran 6 globos. ¿Cuántos globos infla Maria para la fiesta?

☐ ____________________
rótulo

2. Roger tiene 5 gomas de borrar. Compra 6 paquetes de cien y 2 paquetes de diez. ¿Cuántos gomas de borrar tiene Roger en total?

☐ ____________________
rótulo

3. Suma.

400 + 200 = ____	440 + 7 = ____	16 + 700 = ____
40 + 50 = ____	84 + 10 = ____	70 + 7 = ____
8 + 460 = ____	200 + 9 = ____	53 + 500 = ____
30 + 10 = ____	60 + 40 = ____	60 + 4 = ____
380 + 10 = ____	900 + 80 = ____	800 + 200 = ____

Nombre ______________________

Busca figuras a tu alrededor.

1. Haz una lista o dibuja objetos que muestren rectángulos.

Resuelve el problema. Si es necesario, haz un dibujo de prueba.

Muestra tu trabajo.

2. Hay 200 personas con boletos para el festival de otoño. Un trabajador recolecta los boletos de 62 personas. ¿Cuántos boletos le faltan todavía recolectar?

☐ ______________
rótulo

Cuenta de decena en decena. Escribe los números.

3. 650 660 ____ ____ ____ ____ ____ ____ 730

4. **Amplía tu razonamiento** Brian tiene algunas cajas de clips. Algunas cajas contienen 10 clips y otras cajas contienen 100 clips. Le sobran algunos clips. Tiene tres cajas más con 100 clips que cajas con 10 clips. Tiene dos clips sobrantes menos que el número de cajas con 100 clips. ¿Qué número de clips podría tener?

____

6-6
Haz la tarea

Nombre ____________________

Resuelve cada problema.

1. Martin vende 58 boletos para la montaña rusa. Vende 267 boletos para los barquitos. ¿Cuántos boletos vende Martin en total?

   ☐ ____________ rótulo

2. Justine salta 485 veces en un pogo saltarín. Luego salta 329 veces cuando lo intenta nuevamente. ¿Cuántas veces salta en total?

   ☐ ____________ rótulo

Suma.

3. 18 + 549 = ☐

4. 190 + 89 = ☐

5. 76 + 570 = ☐

6. 75 + 656 = ☐

7. 348 + 162 = ☐

8. 407 + 394 = ☐

Nombre ____________________

Suma. Usa cualquier método.

1. $\begin{array}{r} 53 \\ +\ 39 \\ \hline \end{array}$

2. $\begin{array}{r} 45 \\ +\ 86 \\ \hline \end{array}$

3. $\begin{array}{r} 75 \\ +\ 68 \\ \hline \end{array}$

Rotula las figuras con las palabras del recuadro.

cubo	cuadrilátero	pentágono	hexágono

4. 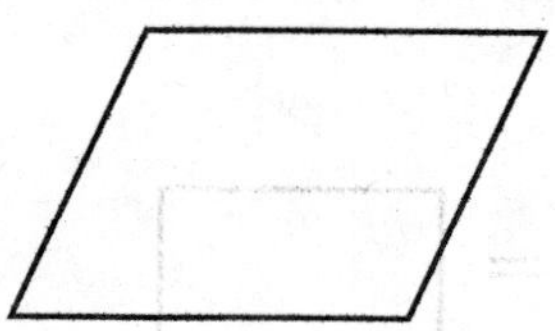

____

5. 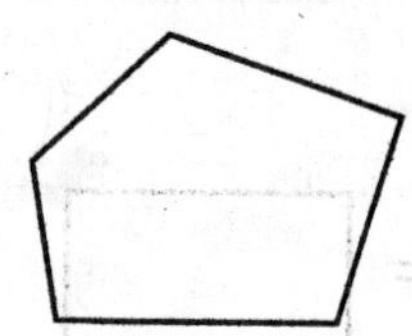

____

Suma.

6. 300 + 70 = ______   20 + 40 = ______   8 + 650 = ______

---

7. **Amplía tu razonamiento** Suma un número de 3 dígitos y un número de 2 dígitos. Usa los dígitos 5, 6, 7 y 8 para escribir el ejercicio de suma. Puedes usar un dígito más de una vez. Halla la suma.

____

Nombre ______

Suma. Usa cualquier método.

1.
$$\begin{array}{r} 459 \\ +\ 267 \\ \hline \end{array}$$

¿Forma una nueva decena? ______

¿Forma una nueva centena? ______

¿Forma un nuevo millar? ______

2. 187 + 374 = ______

¿Forma una nueva decena? ______

¿Forma una nueva centena? ______

¿Forma un nuevo millar? ______

3.
$$\begin{array}{r} 678 \\ +\ 15 \\ \hline \end{array}$$

¿Forma una nueva decena? ______

¿Forma una nueva centena? ______

¿Forma un nuevo millar? ______

4. 635 + 92 = ______

¿Forma una nueva decena? ______

¿Forma una nueva centena? ______

¿Forma un nuevo millar? ______

5.
$$\begin{array}{r} 390 \\ +\ 610 \\ \hline \end{array}$$

¿Forma una nueva decena? ______

¿Forma una nueva centena? ______

¿Forma un nuevo millar? ______

6. 64 + 936 = ______

¿Forma una nueva decena? ______

¿Forma una nueva centena? ______

¿Forma un nuevo millar? ______

6-7
Recuerda

Nombre ____________________

Mide cada uno de los siguientes segmentos de recta verticales. Marca y cuenta longitudes de 1 cm.

1 ☐ cm

2 ☐ cm

3 ☐ cm

Resuelve el problema.

4 Un hombre vende 275 boletos del circo la mañana del lunes y 369 boletos del circo la tarde del lunes. ¿Cuántos boletos vende el lunes?

☐ ____________________
rótulo

5 **Amplía tu razonamiento** Escribe un ejercicio de suma con un resultado de 1,000. Usa dos sumandos de 3 dígitos. Elige los sumandos de modo que necesites formar una nueva decena, una nueva centena y un nuevo millar cuando sumes.

____

____

Nombre ______________________

Resuelve cada problema. *Muestra tu trabajo.*

1. Angie tiene 648 adhesivos. 254 de los adhesivos son de gatos. El resto son adhesivos de perros. ¿Cuántos adhesivos de perros tiene Angie?

   ☐ ______________________ rótulo

2. Billy tiene 315 monedas. 209 de las monedas son de color plateado. ¿Cuántas monedas no son de color plateado?

   ☐ ______________________ rótulo

3. Noah sembrará 752 semillas. Algunas de las semillas son semillas de flores. 547 de las semillas son semillas de vegetales. ¿Cuántas semillas de flores sembrará Noah?

   ☐ ______________________ rótulo

4. El padre de Heather lee un libro de 564 páginas. Hasta el momento ha leído 286 páginas. ¿Cuántas páginas le quedan por leer?

   ☐ ______________________ rótulo

Nombre ______

Forma una decena para hallar el total.

1 $7 + 6 = \square$ 2 $8 + 7 = \square$ 3 $8 + 9 = \square$

Escribe la hora de dos modos distintos.

4

______ en punto

:

5

______ en punto

:

6

______ en punto

:

Suma. Usa cualquier método.

7
$$\begin{array}{r} 357 \\ +\ 585 \\ \hline \end{array}$$

¿Forma una nueva decena? ______

¿Forma una nueva centena? ______

¿Forma un nuevo millar? ______

8 $249 + 751 =$ ______

¿Forma una nueva decena? ______

¿Forma una nueva centena? ______

¿ Forma un nuevo millar? ______

9 **Amplía tu razonamiento** Explica cómo hallar un sumando desconocido.

______

______

6-9
Haz la tarea

Nombre ______________________

Resuelve los problemas. Usa tu método favorito.
Haz un dibujo de prueba.

1. A Ricardo le gustan las aceitunas. Tiene 100 aceitunas. Come 43. ¿Cuántas aceitunas le quedan?

☐ ______________
rótulo

2. Dawn tiene 1,000 monedas de 1¢ en su frasco de monedas de 1¢. Da algunas a su hermana. Ahora tiene 432. ¿Cuántas monedas de 1¢ da Dawn a su hermana?

☐ ______________
rótulo

3. Tory le vende palos de hockey a equipos de su ciudad. Tiene 500 y vende 353. ¿Cuántos palos de hockey le quedan?

☐ ______________
rótulo

4. Randy colecciona imanes. Después de dos años ha reunido 400 imanes. Reúne 125 imanes el primer año. ¿Cuántos reúne el segundo año?

☐ ______________
rótulo

Nombre ______________________________

Suma.

1 $5 + 6 =$ _____ $7 + 9 =$ _____ $100 + 35 =$ _____

$50 + 60 =$ _____ $70 + 90 =$ _____ $10 + 35 =$ _____

$1 + 35 =$ _____

Dibuja las manecillas en cada reloj para mostrar la hora.

2 

4:10

3 

1:30

4 

7:15

5 

10:45

Resuelve el problema.

6 La escuela tiene 537 estudiantes. 359 de los estudiantes ya almorzaron. ¿Cuántos estudiantes tienen que almorzar aún?

☐ ______________
rótulo

7 **Amplía tu razonamiento** ¿En qué se diferencia restar de un número de 3 dígitos y restar de un número de 2 dígitos?

____

____

____

6-10
Haz la tarea

Nombre ______________________

Decide si debes desagrupar. Si debes desagrupar, dibuja una lupa alrededor del número de arriba. Luego halla la respuesta.

1
$$\begin{array}{r} 730 \\ -\ 499 \\ \hline \end{array}$$

¿Desagrupas para obtener 10 unidades? ______

¿Desagrupas para obtener 10 decenas? ______

2
$$\begin{array}{r} 950 \\ -\ 639 \\ \hline \end{array}$$

¿Desagrupas para obtener 10 unidades? ______

¿Desagrupas para obtener 10 decenas? ______

3
$$\begin{array}{r} 300 \\ -\ 167 \\ \hline \end{array}$$

¿Desagrupas para obtener 10 unidades? ______

¿Desagrupas para obtener 10 decenas? ______

4
$$\begin{array}{r} 404 \\ -\ 188 \\ \hline \end{array}$$

¿Desagrupas para obtener 10 unidades? ______

¿Desagrupas para obtener 10 decenas? ______

5
$$\begin{array}{r} 420 \\ -\ 183 \\ \hline \end{array}$$

¿Desagrupas para obtener 10 unidades? ______

¿Desagrupas para obtener 10 decenas? ______

6 $502 - 149 =$ ______

¿Desagrupas para obtener 10 unidades? ______

¿Desagrupas para obtener 10 decenas? ______

Nombre ____________________

Usa la pictografía para responder las preguntas.

Crayones

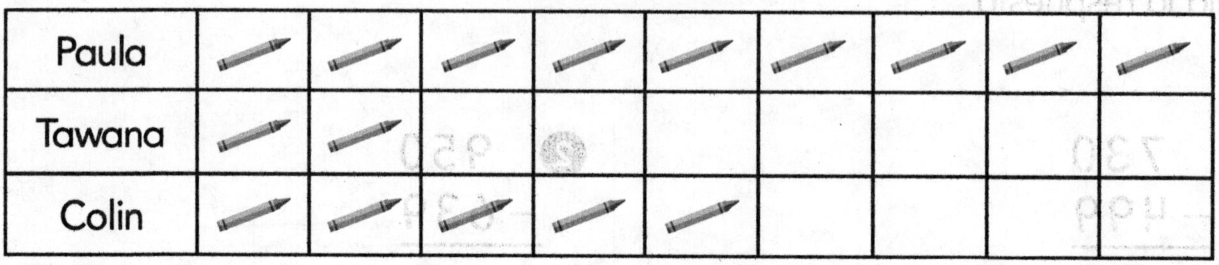

1. ¿Quién tiene más crayones? ____________________

2. ¿Quién tiene menos crayones? ____________________

3. ¿Cuántos crayones tienen en total?

   ☐ ____________________
   rótulo

Resuelve el problema. Usa tu método favorito.
Haz un dibujo de comprobación.

4. Hay 500 palillos de manualidades. En la clase de arte se usan 386 palillos de manualidades. ¿Cuántos palillos de manualidades quedan?

   ☐ ____________________
   rótulo

---

5. **Amplía tu razonamiento** Cuando restas de un número de 3 dígitos, ¿cómo sabes si necesitas desagrupar?

____

____

____

Nombre ____________________

Decide si debes desagrupar. Si debes desagrupar, dibuja una lupa alrededor del número de arriba. Luego halla la respuesta.

❶ 531
−434

¿Desagrupas para obtener 10 unidades? ______

¿Desagrupas para obtener 10 decenas? ______

❷ 579
−296

¿Desagrupas para obtener 10 unidades? ______

¿Desagrupas para obtener 10 decenas? ______

❸ 391d
−265

¿Desagrupas para obtener 10 unidades? ______

¿Desagrupas para obtener 10 decenas? ______

❹ 238 − 177 = ______

¿Desagrupas para obtener 10 unidades? ______

¿Desagrupas para obtener 10 decenas? ______

❺ La clase de Latoya recoge 572 manzanas en una excursión. Se llevan 386 manzanas a casa. ¿Cuántas manzanas dejan?

☐ ______________
rótulo

❻ Elena tenía 735 adhesivos. Da 427 a su hermano. ¿Cuántos adhesivos le quedan?

☐ ______________
rótulo

Nombre ______________________

Resta.

❶ 61 − 25

❷ 85 − 34

❸ 93 − 24

❹ 52 − 23

❺ 91 − 54

Lee la pictografía.
Escribe el número. Encierra en un círculo *más* o *menos*.

Número de canicas

Ling	
Sergio	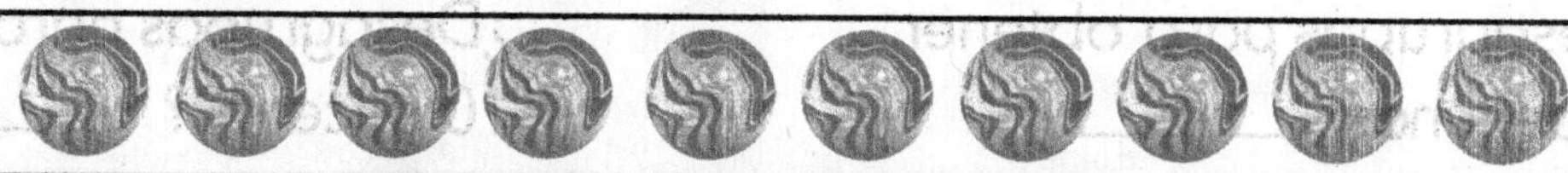
Maya	

❻ Sergio tiene ☐ *más menos* canicas que Ling.

❼ Maya necesita ☐ *más menos* canicas para tener tantas canicas como Sergio.

Decide si debes desagrupar. Si debes desagrupar, dibuja una lupa alrededor del número de arriba.
Luego halla la respuesta.

❽ 8 6 3 − 2 4 5

¿Desagrupas para obtener 10 unidades? ______

¿Desagrupas para obtener 10 decenas? ______

❾ **Amplía tu razonamiento** Escribe y resuelve un ejercicio de resta en el que debas desagrupar dos veces.

Nombre ______________________

Decide si debes desagrupar. Si debes desagrupar, dibuja una lupa alrededor del número de arriba. Luego halla la respuesta.

1

$$\begin{array}{r} 630 \\ -318 \\ \hline \end{array}$$

¿Desagrupas para obtener 10 unidades? ______

¿Desagrupas para obtener 10 decenas? ______

2

$$\begin{array}{r} 931 \\ -845 \\ \hline \end{array}$$

¿Desagrupas para obtener 10 unidades? ______

¿Desagrupas para obtener 10 decenas? ______

3

$$\begin{array}{r} 407 \\ -274 \\ \hline \end{array}$$

¿Desagrupas para obtener 10 unidades? ______

¿Desagrupas para obtener 10 decenas? ______

4

$$\begin{array}{r} 498 \\ -276 \\ \hline \end{array}$$

¿Desagrupas para obtener 10 unidades? ______

¿Desagrupas para obtener 10 decenas? ______

5 Jamal tiene 590 palillos de manualidades. Usa 413 para hacer un edificio. ¿Cuántos palillos de manualidades le quedan?

☐ ______
rótulo

6 El sábado, 290 personas van a la pista de patinaje. 184 eran adultos. ¿Cuántas eran niños?

☐ ______
rótulo

Nombre ______________________________

Debajo de cada imagen, escribe la cantidad total de dinero hasta el momento. Luego escribe el total en $.

1

100¢  25¢  1¢  1¢ 

______ ______ ______ ______ $ __.__ __
total

Haz un dibujo. Escribe una ecuación. Resuelve.

2 Jiao tiene algunas cuentas. Luego compra 35 cuentas más. Ahora tiene 73 cuentas. ¿Cuántas cuentas tenía Jiao al comienzo?

☐ ______________________
rótulo

Decide si debes desagrupar. Si debes desagrupar, dibuja una lupa alrededor del número de arriba. Luego halla la respuesta.

3

$$\begin{array}{r} 537 \\ -168 \\ \hline \end{array}$$

¿Desagrupas para obtener 10 unidades? ________

¿Desagrupas para obtener 10 decenas? ________

4 **Amplía tu razonamiento** ¿Qué número de 3 dígitos no se necesitaría desagrupar para restar de él? Explica.

____

____

Nombre ____________________

Decide si debes sumar o restar. Usa la operación inversa para comprobar tu respuesta.

1.
$$\begin{array}{r} 184 \\ +433 \\ \hline \end{array}$$

2.
$$\begin{array}{r} 552 \\ -399 \\ \hline \end{array}$$

3.
$$\begin{array}{r} 328 \\ -119 \\ \hline \end{array}$$

4.
$$\begin{array}{r} 288 \\ +294 \\ \hline \end{array}$$

5. $967 - 548 =$ ______

6. $474 - 355 =$ ______

6-13
Recuerda

Nombre ______________________

Usa la gráfica de barras para completar las oraciones.

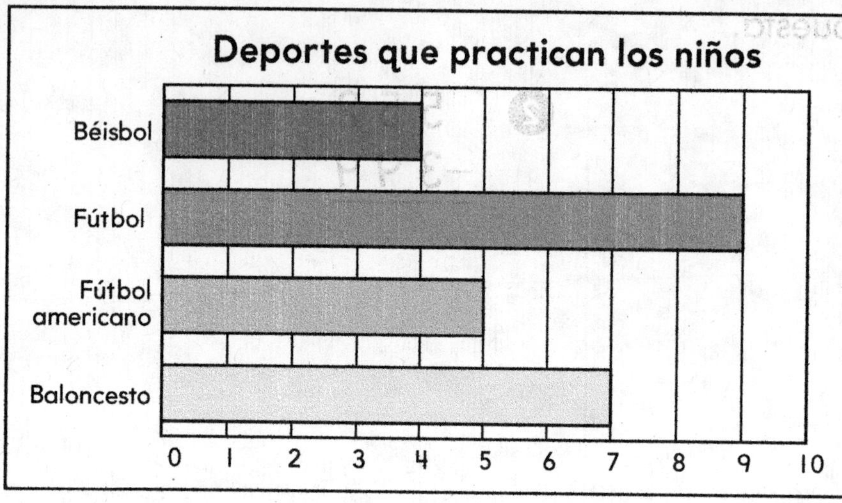

1. Cuatro niños menos juegan al ______________ que al fútbol.

2. Once niños juegan al ______________ o al ______________.

Decide si debes desagrupar. Si debes desagrupar, dibuja una lupa alrededor del número de arriba. Luego halla la respuesta.

3.
$$\begin{array}{r} 427 \\ -159 \\ \hline \end{array}$$

¿Desagrupas para obtener 10 unidades? __________

¿Desagrupas para obtener 10 unidades? __________

4. **Amplía tu razonamiento** Explica por qué puedes verificar una resta sumando.

____

____

____

Nombre ______

Resuelve cada problema.

1. Mario compra 98 tazas de plástico. Da 29 al maestro de arte. ¿Cuántas tazas le quedan?

☐ ______ rótulo

2. Joel colecciona cromos de béisbol. Tiene 568 cromos. Luego compra 329 más en una venta de garaje. ¿Cuántos cromos tiene ahora?

☐ ______ rótulo

3. Un ave reúne 392 palitos para construir un nido. Luego el ave reúne 165 más. ¿Cuántos palitos reúne el ave?

☐ ______ rótulo

4. Hay 765 libros en la biblioteca escolar. 259 son de tapa blanda y el resto son de tapa dura. ¿Cuántos libros de tapa dura hay en la biblioteca escolar?

☐ ______ rótulo

6-14
Recuerda

Nombre ______________________________

Haz un dibujo. Escribe una ecuación. Resuelve el problema.

1 En la clase hay 8 niñas y 9 niños. ¿Cuántos estudiantes hay en la clase?

☐ ______________________
rótulo

Estima y luego mide cada lado. Luego halla la distancia alrededor del triángulo.

2

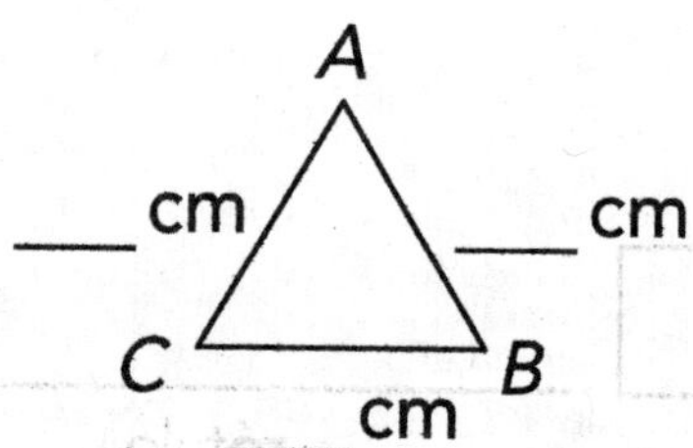

a. Completa la tabla.

Lado	Estimación	Medida
AB		
BC		
CA		

b. Halla la distancia alrededor del triángulo.

_____ cm + _____ cm + _____ cm = _____ cm

Decide si necesitas sumar o restar. Usa la operación inversa para comprobar tu respuesta.

3
$$\begin{array}{r} 683 \\ -145 \\ \hline \end{array}$$

4
$$\begin{array}{r} 257 \\ +369 \\ \hline \end{array}$$

5 **Amplía tu razonamiento** Escribe y resuelve un problema de resta con una respuesta mayor de 500 monedas de 1 centavo.

____

____

____

Nombre ____________________

La tabla muestra el número de estudiantes que participan en distintas actividades después de la escuela.

Usa la tabla para resolver los problemas. *Muestra tu trabajo.*

Actividades después de la escuela	
Actividad	**Número de estudiantes**
Club de arte	378
Lecciones de música	205
Deportes	204
Clases de baile	105
Club de ciencias	217

1. Ciento diecisiete niñas toman lecciones de música después de la escuela. ¿Cuántos niños toman lecciones de música?

   ☐ ____________________
   rótulo

2. ¿Cuántos estudiantes menos se inscribieron en música y baile que los que se inscribieron para el club de arte?

   ☐ ____________________
   rótulo

3. Escribe un problema usando datos de la tabla. Resuelve el problema.

   ____

   ____

   ____

6-15
Recuerda

Nombre ______________________________

Estima y luego mide cada lado. Luego halla la distancia alrededor del rectángulo.

1

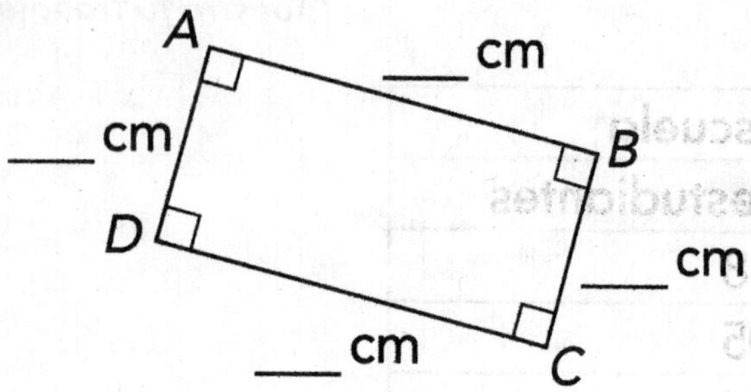

a. Completa la tabla.

Lado	Estimación	Medida
AB		
BC		
CD		
DA		

b. Halla la distancia alrededor del rectángulo.

_____ cm + _____ cm + _____ cm + _____ cm = _____ cm

Resuelve el problema.

2 La tienda tiene 374 CDs. Llega una caja con 258 CDs a la tienda. ¿Cuántos CDs tiene la tienda ahora?

☐ ______________________
rótulo

3 **Amplía tu razonamiento** Llena los dígitos para completar el ejercicio de suma.

```
    1  ☐  4
 +  ☐  6  ☐
 ----------
    4  5  1
```

7-1
Haz la tarea

Nombre ____________________

Escribe cuántos hay en cada fila y en cada columna.
Luego escribe dos ecuaciones para cada matriz.

1 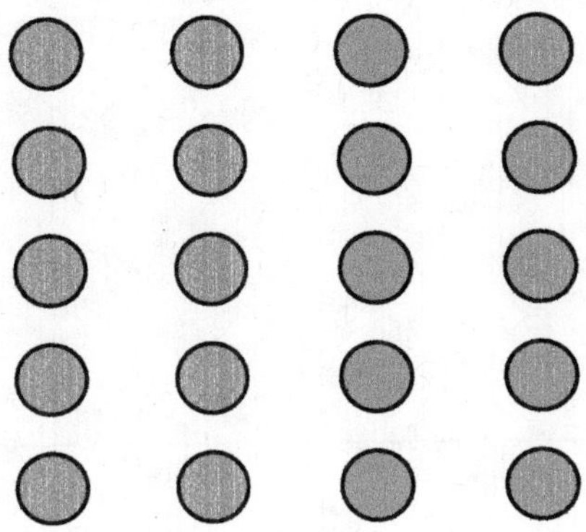

____ ____ ____ ____ ____

____ ____ ____ ____

____

____

2 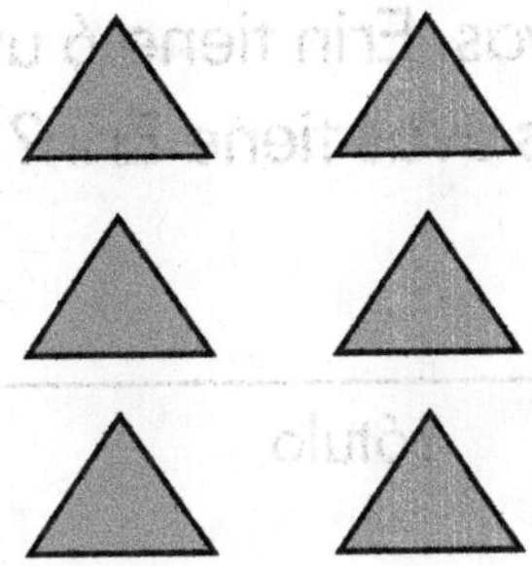

____ ____ ____

____ ____

____

____

Mide en centímetros. Dibuja filas y columnas.
Escribe el número de cuadrados pequeños.

3 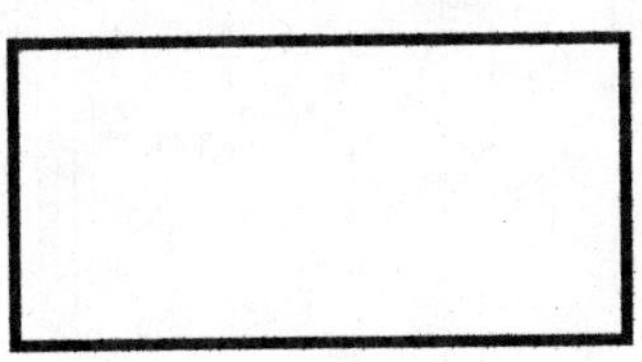

____ cuadrados

4 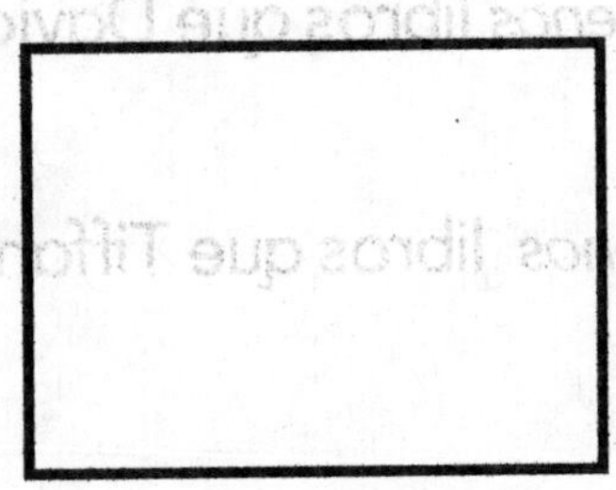

____ cuadrados

5 

____ cuadrados

7-1
Recuerda

Nombre ____________________

Haz un dibujo de correspondencia o dibuja barras de comparación. Resuelve el problema.

1 Álex tiene 8 uvas. Erin tiene 6 uvas más que Álex. ¿Cuántas uvas tiene Erin?

☐ ____________________
rótulo

Lee la pictografía. Escribe el número.
Encierra en un círculo *más* o *menos*.

Número de libros

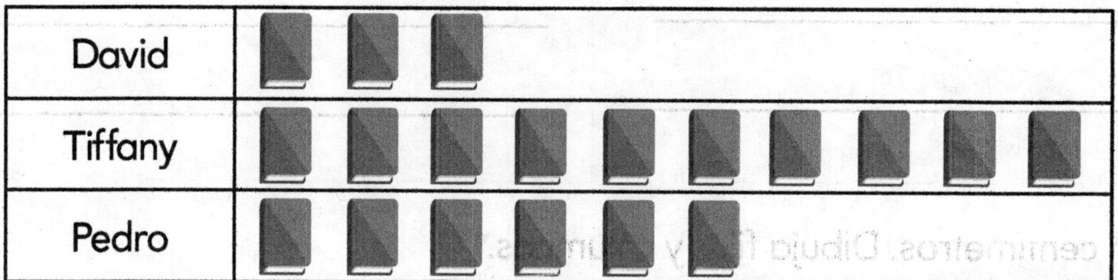

2 Tiffany tiene ☐ *más* *menos* libros que David.

3 Pedro tiene ☐ *más* *menos* libros que Tiffany.

Cuenta de decena en decena. Escribe los números.

4 650 ______ ______ ______ ______ ______ ______ ______ 730

5 **Amplía tu razonamiento** Dibuja tres matrices diferentes que muestren 12.

Nombre ______________________________

1 Forma 2 mitades. Muestra diferentes maneras.
Sombrea la mitad de cada rectángulo.

2 Forma 3 tercios. Muestra diferentes maneras.
Sombrea un tercio de cada rectángulo.

3 Forma 4 cuartos. Muestra diferentes maneras.
Sombrea un cuarto de cada rectángulo.

4 Forma 2 mitades.
Sombrea la mitad del círculo.

5 Forma 3 tercios.
Sombrea un tercio del círculo.

6 Forma 4 cuartos.
Sombrea un cuarto del círculo.

Nombre ______

Suma.

1. 73 + 19 = ___
2. 53 + 46 = ___
3. 68 + 23 = ___
4. 27 + 35 = ___
5. 46 + 39 = ___

Escribe cuántos hay en cada fila y en cada columna.
Luego escribe dos ecuaciones para cada matriz.

6. 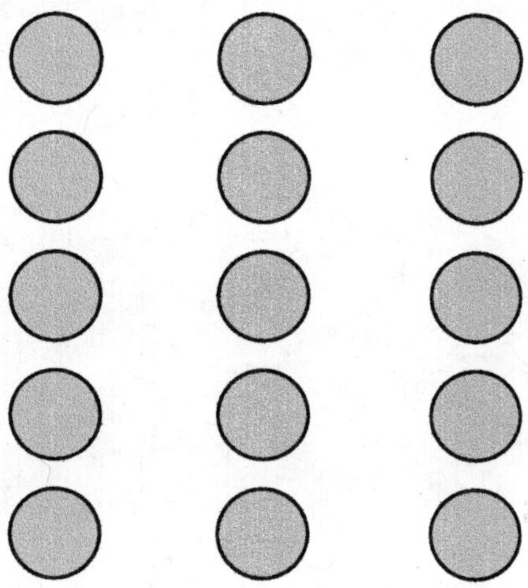

7. 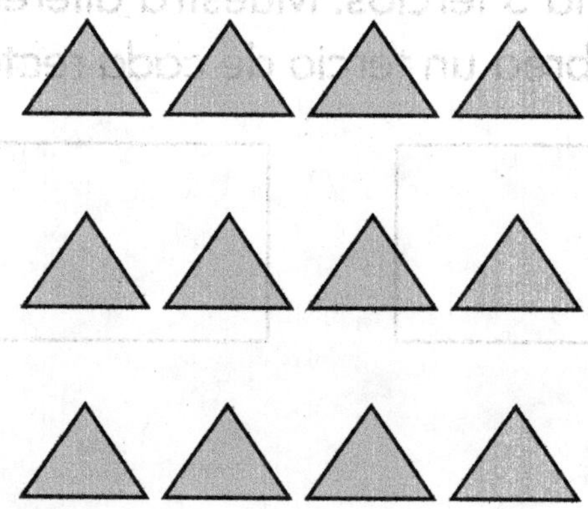

8. **Amplía tu razonamiento** Dibuja un rectángulo. Muestra 4 cuartos que sean todos triángulos del mismo tamaño, pero no todos con la misma forma.

Nombre ______________________

Resuelve.

Muestra tu trabajo.

❶ El jardín de Becky tiene 21 metros de ancho. El jardín de Jerry tiene 17 metros de ancho. ¿Cuánto más ancho es el jardín de Becky que el jardín de Jerry?

☐ ____________
unidad

❷ La pintura de Hannah mide 39 pulgadas de largo. Le agrega 12 pulgadas. ¿Cuánto mide la pintura ahora?

☐ ____________
unidad

Usa el diagrama de recta numérica para sumar o restar.

❸ Enlaza 28 y 56. Enlaza la diferencia *D*.

¿Cuánto mide? ____________

❹ Enlaza 48. Súmale 15. Enlaza el total *T*.

¿Cuánto mide? ____________

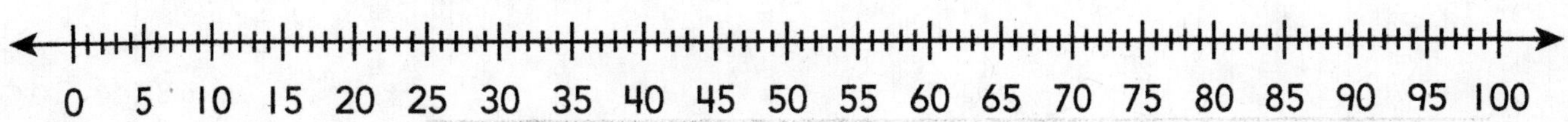

Nombre ______________________

Suma.

1. $14 + 46 + 62 + 39 = \square$

2. Cuenta las centenas, las decenas y las unidades.

Escribe el total.

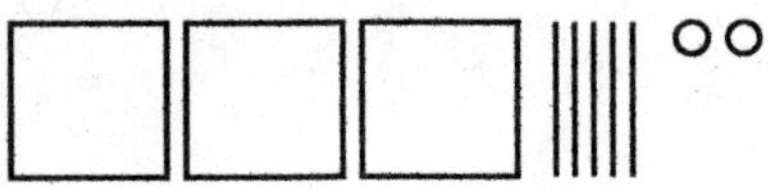

_____ Centenas _____ Decenas _____ Unidades Total _____

3. Forma 2 mitades.

4. Forma 3 tercios.

5. Forma 4 cuartos.

6. **Amplía tu razonamiento** Escribe un problema de resta cuya respuesta sea *6 pies*.

____

____

____

____

Nombre ______________________

Resuelve. *Muestra tu trabajo.*

1 Aquí está el camino que tomó Fluffy en su caminata hoy. ¿Cuántos metros caminó?

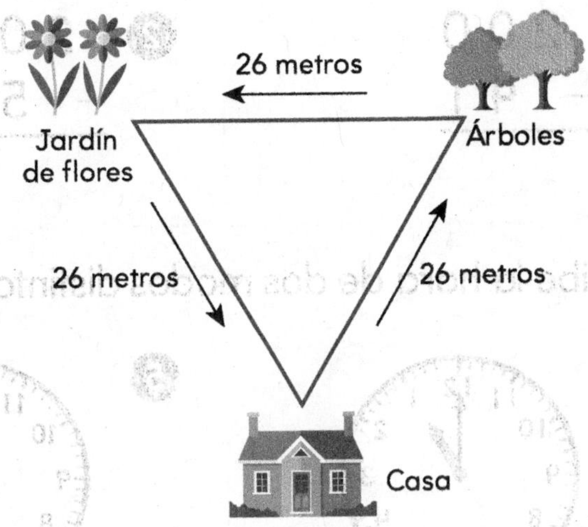

☐ ______________ unidad

2 Colin quiere decorar el marco de un cuadro con cinta dorada. ¿Cuánto debe medir la cinta si quiere poner cinta alrededor de todo el marco?

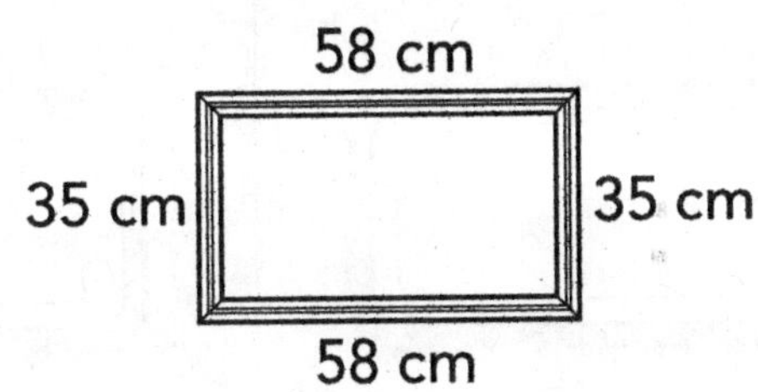

☐ ______________ unidad

3 Esta es una vista desde arriba de un dibujo del arenero del parque. Cada lado tiene 16 pies de largo. Un borde recorre todo el perímetro. ¿Cuánto mide el borde?

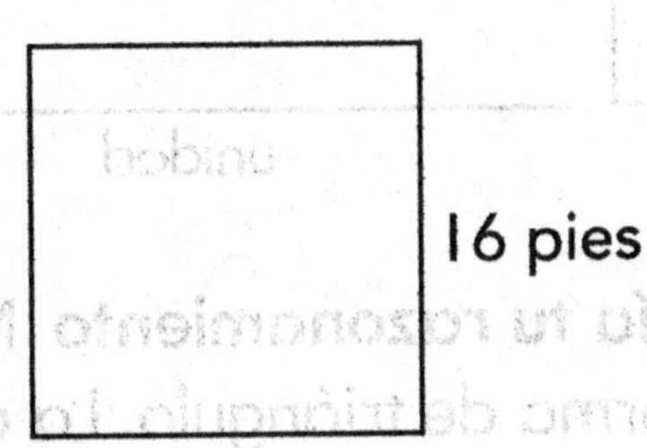

☐ ______________ unidad

Nombre ______________________________

Resta.

❶ $\begin{array}{r} 200 \\ -\ 41 \\ \hline \end{array}$

❷ $\begin{array}{r} 200 \\ -\ 55 \\ \hline \end{array}$

❸ $\begin{array}{r} 200 \\ -\ 87 \\ \hline \end{array}$

Escribe la hora de dos modos distintos.

❹ 

______ En punto

❺ 

______ En punto

❻ 

______ En punto

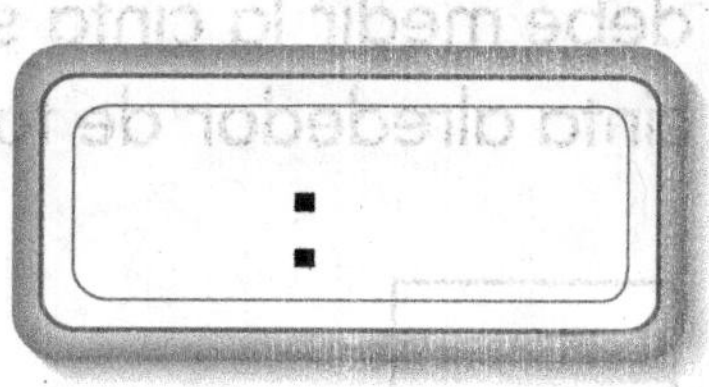

Resuelve.

Muestra tu trabajo.

❼ El papel de Jen mide 30 cm de largo. Corta 12 cm de la parte inferior del papel. ¿Cuánto mide ahora el papel?

☐ ______________________
unidad

❽ **Amplía tu razonamiento** Michael tiene un lecho de flores con forma de triángulo. La distancia alrededor del lecho de flores es de 58 pies. ¿Cuál será la longitud de cada lado?

____

____

Nombre ______________________________

Representa cada ecuación en el diagrama de recta numérica.
Luego halla la diferencia o el total.

1. $56 + \square = 94$

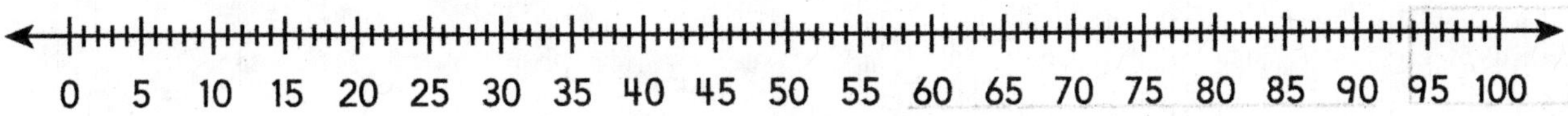

2. $34 + 47 = \square$

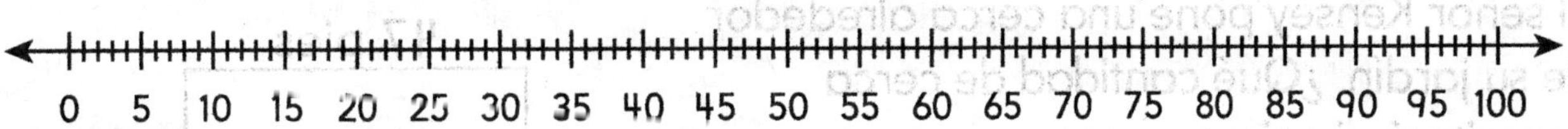

3. $\square + 31 = 69$

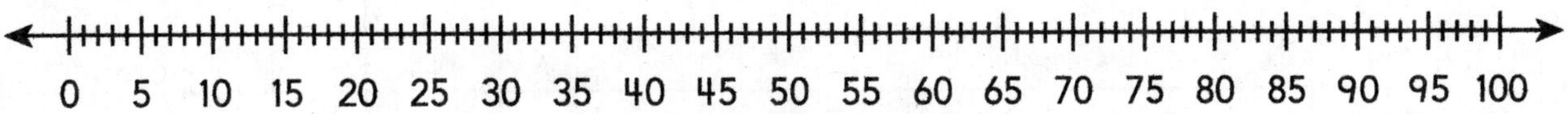

4. $42 + 29 = \square$

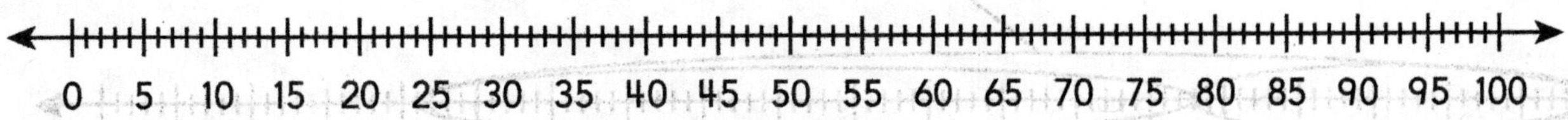

Nombre ______________________________

Resuelve. Reescribe el 100 o haz un dibujo. Suma para comprobar tu respuesta.

Muestra tu trabajo.

1 Brian ve 100 carros en el estacionamiento. 36 carros se van. ¿Cuántos carros hay aún en el estacionamiento?

☐ ______________________
rótulo

Resuelve.

2 El señor Kensey pone una cerca alrededor de su jardín. ¿Qué cantidad de cerca necesitará si quiere poner una cerca alrededor de todo el jardín?

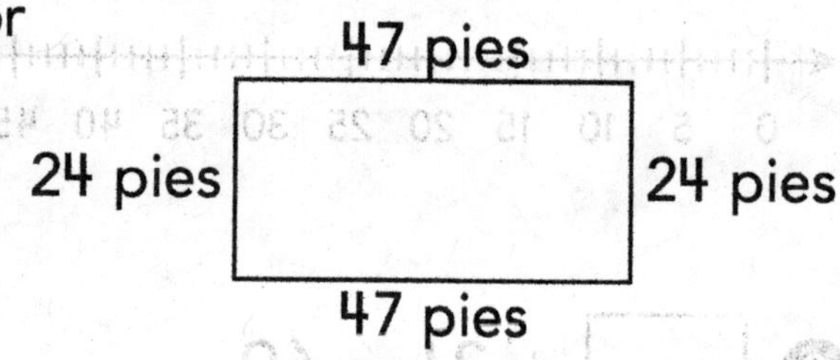

☐ ______________________
unidad

3 **Amplía tu razonamiento** ¿Qué ecuación muestra esta recta numérica?

____

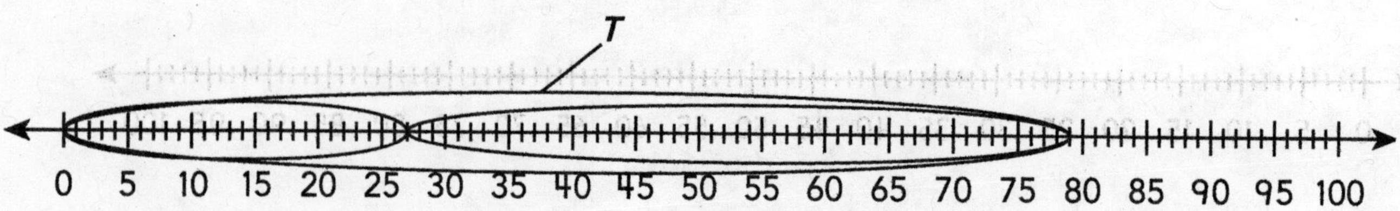

Nombre ____________________

❶ Muestra 2 mitades.

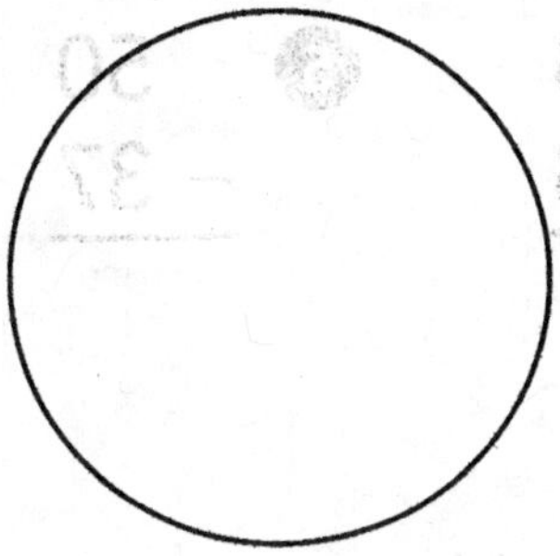

❷ Muestra 3 tercios.

❸ Muestra 4 cuartos.

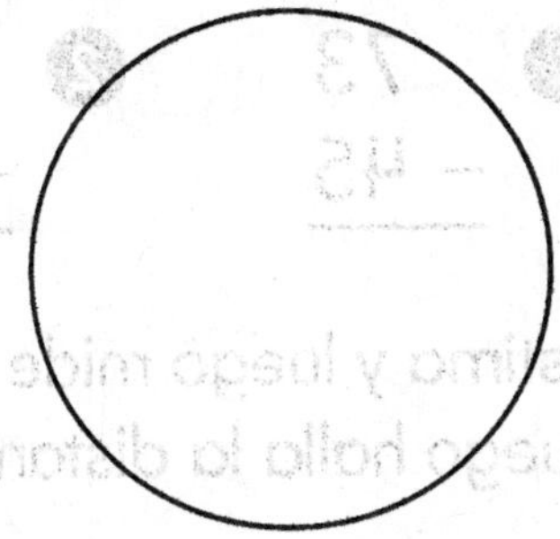

Roberto, Niko y Maya compran una pizza cada uno.
Todas las pizzas tienen el mismo tamaño.

- Roberto corta su pizza en 2 partes iguales.
- Niko corta su pizza en 3 partes iguales.
- Maya corta su pizza en 4 partes iguales.

❹ Roberto se come 2 mitades y Maya se come 4 cuartos.
¿Se comen la misma cantidad? Explica.

____

____

____

❺ ¿Es la mitad de la pizza de Roberto más, menos o igual de grande que un tercio de la pizza de Niko? Explica.

____

____

____

Nombre ______________________________

Resta.

❶ $73 - 45$ ❷ $91 - 37$ ❸ $68 - 34$ ❹ $83 - 18$ ❺ $50 - 37$

Estima y luego mide cada lado.
Luego halla la distancia alrededor del triángulo.

❻ 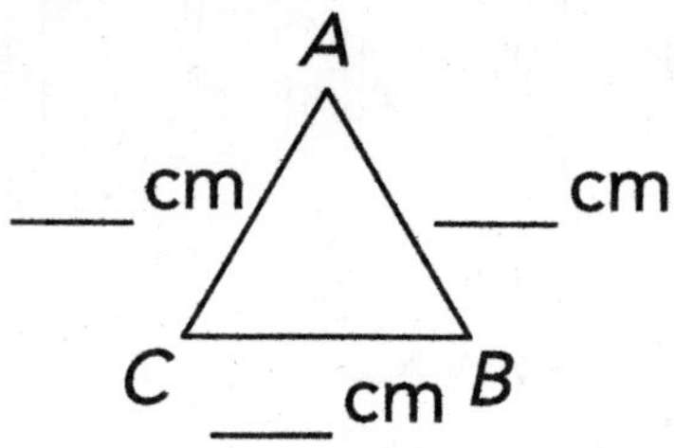

a. Completa la tabla.

Lado	Estimación	Medida
AB		
BC		
CA		

b. Halla la distancia alrededor del triángulo.

_______ cm + _______ cm + _______ cm = _______ cm

Muestra la ecuación en el diagrama de recta numérica.
Luego halla la diferencia o el total.

❼ 35 + ☐ = 78

❽ **Amplía tu razonamiento** Dennis y Tami hacen una pizza cada uno. Ambas pizzas tienen el mismo tamaño y forma. Dennis come 4 porciones. Tami come 2 porciones. ¿Pueden haber comido los dos la misma cantidad? Explica.

____

____